国家精品视频公开课配套教材

丝路长安:"一带一路"视域下的中国传统文化精神

杨冰郁　编著

西北工业大学出版社

西　安

图书在版编目(CIP)数据

丝路长安:"一带一路"视域下的中国传统文化精神 / 杨冰郁编著. — 西安:西北工业大学出版社, 2020.12

ISBN 978-7-5612-7484-2

Ⅰ. ①丝… Ⅱ. ①杨… Ⅲ. ①丝绸之路-文化史-研究-中国 Ⅳ. ①K203

中国版本图书馆 CIP 数据核字(2021)第 015749 号

SILU CHANG'AN:"YIDAI-YILU" SHIYU XIA DE ZHONGGUO CHUANTONG WENHUA JINGSHEN
丝路长安:"一带一路"视域下的中国传统文化精神

| 责任编辑:隋秀娟 | 策划编辑:梁　卫 |
| 责任校对:张　潼 | 装帧设计:李　飞 |

出版发行:西北工业大学出版社
通信地址:西安市友谊西路 127 号　　邮编:710072
电　　话:(029)88491757,88493844
网　　址:www.nwpup.com
印 刷 者:广东虎彩云印刷有限公司
开　　本:710 mm×1 000 mm　　1/16
印　　张:7.75
字　　数:119 千字
版　　次:2020 年 12 月第 1 版　　2020 年 12 月第 1 次印刷
定　　价:42.00 元

如有印装问题请与出版社联系调换

目　　录

绪论 ··· 1

    第一节　丝绸之路起长安 ·· 3

    第二节　长安文化起丝路 ·· 5

第一章　万里丝路起长安 ··· 7

    第一节　蚕丝的传说 ··· 7

    第二节　丝绸的文化符号和象征意义 ··································· 12

    第三节　丝路传奇：永不止息的生命之流 ····························· 16

    第四节　万里丝路起长安：中华文明的一个缩影 ·················· 20

第二章　坊肆酒旗映西市 ··· 26

    第一节　长安城：百千家似围棋局，十二街如种菜畦 ············ 28

    第二节　长安西市：中古商贸的传奇 ··································· 33

第三章　丝路商旅汇西市 ··· 41

    第一节　西市胡的商贾轶事 ·· 42

    第二节　粟特商人名噪西市 ·· 46

第三节　汉商富而知仁义 ·················· 50

第四章　丝路苍山万里遥 ·················· 56

第一节　张骞凿空：使臣远赴关山月 ·················· 56
第二节　鸠摩罗什来华：僧侣踏遍万重山 ·················· 65
第三节　玄奘西游：唐僧苍茫拜灵山 ·················· 73

第五章　胡服乐舞浸长安 ·················· 79

第一节　胡服时妆靡长安 ·················· 81
第二节　葡萄美酒胡旋舞 ·················· 84
第三节　羊汤腊肉胡汉餐 ·················· 87

第六章　汉唐关月万古流 ·················· 100

第一节　汉唐长安：回望和审视 ·················· 100
第二节　汉唐长安：连绵飞扬的东方丝绸 ·················· 107
第三节　汉唐长安：西安新丝路的文化符号 ·················· 109

参考文献 ·················· 113

绪　　论

　　历史从来就没有消失过,它始终与我们同行,围绕着人类的生存和发展规律,历史峰回路转地呈现出某种惊人的相似性和呼应性,展示出其深邃的无法绕过的借鉴意义。基于上述认识,本书从中华民族文化自信的视角,在新时代的曙光中回望长安这一丝绸之路的起点,回味它的辉煌和落寞,审视它的繁华和缺失。我们的问题是,丝绸之路——这条亘古绵长的对外交流之路,同象征古代文明巅峰的长安文化之间有着怎样的血脉联系?在精神谱系上又留给我们什么隐秘的财富?它所展示的开放、包容、合作,面向世界的精神,对于当代中国"一带一路"的发展有何借鉴意义?针对上述问题意识,本书分析汉唐开辟丝绸之路的天下意识、大唐西市的早期商业符号、使者僧侣带来的和平外交理念以及商贸市井文化中的外来文明等珍贵的精神文化遗产,并在丝路长安文化精神分析的基础上,勾连汉唐丝路文化与当代中国文化自信之间的关系,归纳分析汉唐丝路文化对于当代中国文化自信的价值和意义。

　　研究的主要内容分为以下六部分:

　　第一部分"万里丝路起长安"主要分析了"丝路长安"的概念内涵及其历史渊源。以蚕丝的传说为线索,分析丝绸作为文化符号的象征意义;从中华文明历史影像的视角,提出"万里丝路起长安"的文化意义。丝绸之路是中国古代文明辉煌时期的壮举,它之所以在汉唐两朝被开辟,是与汉唐帝国都处于封建王朝鼎盛期所具有的开放包容和勇敢探险精神分不开的。万里丝路起长安,丝路各国文化对长安的影响是深远的,古长安的恢宏气度和包容开放文化对当代中国仍具有强有力的借鉴和启示意味。

第二部分"坊肆酒旗映西市",首先分析了大唐成为一个生机勃勃的东方商业大国的历史条件,介绍了"百千家似围棋局,十二街如种菜畦"的唐长安城布局,长安的早期商业意识作为封建自然经济补充也推动唐以后中古农业社会结构向古近代商业社会结构演变的进程。介绍了西市的布局和管理,西市作为大唐物质文明的窗口,是当时兴旺发达的商业贸易区,也是当时的国际金融中心。

第三部分"丝路商旅汇西市"在完整搜集、整理大唐西市史料的基础上,对于大唐西市的商业文化做了典型性分析。把大唐西市的商业文化放置在中古商业贸易的历史大背景中进行分析,具体讲述西市胡、粟特商人,汉商等商贾的逸闻趣事及其所蕴含的精神文化特质。立足于唐中叶以后商品经济的蓬勃发展和社会价值观的转型,分析唐传奇中的商贾形象。开放与创造是唐代长安城市的主旋律,正是在这样一种彼此竞争又相互依存的气氛中,长安有了自我超越的机遇,在吸收各方优秀文化因素的基础上,走到了世界前列。

第四部分"丝路苍山万里遥"生动再现了丝绸之路上汉唐僧使们的冒险之旅,从张骞凿空、鸠摩罗什来华到玄奘西游,介绍了使臣远赴关山月、僧侣踏遍万重山和唐僧苍茫拜灵山的艰难曲折,归纳其文化意义。长安,丝路的起点,断鸿声里,停留过自信满满的使臣张骞、投笔从戎的班超,带着汉朝使臣的豪壮,从此一赴绝国,十年无音讯。大漠孤烟、长河落日,目送斜阳几度,马鸣萧萧征尘起。那边,人烟罕至的戈壁残月,僧侣鸠摩罗什、法显、玄奘步伐坚定,磨穿千双草履,颠簸于群峰万壑间,风餐露宿,夕阳古道,在他们身后是宏大超凡的经文传世,四海宗教的圆满融合。他们是汉唐通向西域的第一缕曙光,是前赴后继的开拓者、视死如归的勇士和探险者。这些流传千年的传奇属于汉使,属于僧侣,更属于那些默默无声的往来商旅百姓。

第五部分"胡服乐舞浸长安"从中外文化交通、交流和交融的视角,分析了唐代长安城的胡服时妆、葡萄美酒、胡旋舞、羊汤腊肉等胡汉餐,中外文化交融最终落地成为你中有我,我中有你的百姓日常生活方式。汉唐帝国通过丝绸之路塑造着大国气度的多元性、包容性、开放性,大规模引进并有选择地采撷世界各国优秀元素,融合到历史悠久的传统文化系统中。这种源于丝绸之路提供的跨国文化互动与交融造就了以汉唐长安为中心的国际大都市气魄,对中华文化的形成与发展产生了重大影响。

第六部分"汉唐关月万古流"回应学术界关于传统与现代、传统文化的创造性转化等话题,总结丝路长安的文化意义和文化价值;从新时代"一带一路"的现实需要出发,总结提升丝路长安对于当代的启示。要实现"传统的创造性转化",就要在积极吸取外来文化营养的同时,对旧有的文化传统进行认真清理,大胆扬弃那些不适应现代化历史潮流的内容,同时,要努力发掘可资运用的优秀文化遗产,以保持中华民族不断自我革新的进取精神。如果这样理解传统,传统文化就不是一种包袱,相反,可以成为新时代的动力,鼓励我们这个古老的民族,在自我革新的历史进程中继续前进。

第一节 丝绸之路起长安

我们的主题是"丝路长安",以古代长安为视角,回望中古丝绸之路的商业价值及象征意义,试图为当代中国新丝路建设蓝图找到一个完整坐标和参照系。

联合国教科文组织对丝绸之路的定义是这样的:丝绸之路是起始于古代中国的政治、经济、文化中心长安(今天的西安)的古代贸易路线。它指的是连接亚洲、非洲和欧洲的陆上商业路线。它跨越陇山山脉,穿过河西走廊,通过玉门关和阳关,抵达新疆,沿绿洲和帕米尔高原通过中亚、西亚和北非,最终抵达非洲和欧洲。

那么,为何说长安是丝绸之路的起点呢?我们基于如下思考。

1. 丝路起点是一个时空上的起源概念

上述丝绸之路的定义就是以长安为起点,向西不断延伸拓展的一条古代贸易路线。这是一个时空上的双重概念。从时间上,以第一个开辟者张骞离开长安出发起,经过几百年的不断延长,到达了有更多西方文明的地方。从空间上,以长安为起源地点,向西方国家的贸易节点城市不断延伸,而国内也由于政治中心的转移几度向东部城市延伸。所以长安这个起点具有时空起源的意义。

宋元以后,由于版图扩张和政治人口中心的东移,西安已经不是丝绸之路的必经路线,但国际学术界仍尊长安为丝路起点,就是注重这个起源的历史意义。

2. 丝路起点既是历史概念也是地理概念

正如地理学家所提出的,丝绸之路不仅是历史概念,也是地理概念。长安所处的关中平原,是一条狭长的地堑型陆路通道,直接连接河西走廊和西域,从地理位置上来说是川蜀、中原、江南等其他地区向帕米尔高原以西行进时绕不开的节点,也就是说,丝绸之路都需要经过长安,却不一定需要经过其他所谓起点城市,丝绸之路有地形通道的概念。从古代长安往西便踏入敦煌到玉门关的丝绸古道,所以,长安或者说西安是万里丝路的起点是自古华夏人的共识。

3. 丝路起点具有文明门户的坐标意义

长安被认为是丝绸之路的起点不仅仅因为它曾是汉唐都城,还因为它是当时离西域最近的贸易节点,是华夏和西域各国无法绕开的第一个贸易节点。

长安历来是胡汉文化融合交汇的西部特大城市。长安以西的地域,与中原在文化上开始产生差别,所以长安作为起点也具有开始离开自身文明腹地、面向西域的文化疆域门户的文明坐标意义。举例来讲,元代以后,贸易的最终目的地在北京,但北京的商队会在到达最西边的商贸集散地——长安后,正式踏上连接不同文明的丝绸之路。

4. 长安为国际公认的丝路起点是历史影响力的表现

将长安作为都城的西汉和唐也是丝路贸易最繁盛的两个时代。西汉第一次开辟了丝绸之路贸易路线,开始了与西域的贸易往来。西汉第一次在西域设立西域都护府,以开府驻军统领诸邦的形式打击丝绸之路上的盗匪,维护丝绸之路的政治安定。东汉时期,恢复因战乱而中断的丝绸之路,复设西域都护府,贸易线路继续发展和延伸。两汉时期的丝绸之路,由于生产力和自然条件限制,官方往来的意义更重。东汉末年到隋统一之间,群雄割据,邦国林立,战乱不熄,丝绸之路的贸易受阻,发展缓慢。直到隋朝再次开辟丝绸之路,到唐朝设立安西都护府和北庭都护府,丝绸之路得到了长足发展,无论民间往来、贸易往来还是政治往来,至盛唐时均达到丝路发展的鼎盛时期。对这条贯通中国西北,跨越葱岭直达中亚、西亚、地中海各国的古丝绸之路来讲,长安——这座封建时代两次鼎盛时期的都城,既具有开辟起点的意义,又具有在丝路繁盛期沿丝路传播的盛名,所以成为至今被国际学术界公认的起点。

第二节 长安文化起丝路

历史从来就没有消失过,它始终与我们同行,围绕着人类的生存和发展规律,峰回路转地呈现出某种惊人的相似性和呼应性,展示出其深邃的无法绕过的借鉴意义。诗人龚自珍曾经这么说:"灭人之国,必先去其史;隳人之枋,败人之纲纪,必先去其史;绝人之才,湮塞人之教,必先去其史。"

历史是需要记忆的。尤其当我们的商业文明开始向黄河流域古老文明靠近,当今日的西安等待重塑曾经的宏大壮阔的汉唐神话,当我们苦苦追索,寻寻觅觅之时,历史就在那灯火阑珊处注视着我们。论及历史记忆,我们不禁要问:丝绸之路,这条亘古绵长的对外交流之路同象征古代文明巅峰的长安文化之间有着怎样的血脉联系?在精神谱系上又留给我们什么隐秘的财富?它所展示的开放、包容、合作,面向世界的精神,对于当代中国"一带一路"的发展战略有何借鉴意义?

这是我们立足长安,回望丝绸之路的最终目的。

近年来,我国与中亚诸国开始联合启动申报丝绸之路为世界文化遗产,我国正在规划和建设"丝绸之路经济带"。这些不断涌来的焦点话题,使得这条延续了两千多年的东西方商贸、文化交流之路,在21世纪的今天再次成为全世界瞩目的人文复兴之路。西安作为新丝绸之路经济带的起点,又一次走到了历史的转折点上。

本书从如何重新发掘和继承汉唐商业文明的宏大格局这一话题开始,并试图通过长安与丝绸之路的汇聚点——大唐西市这个具象视角,一窥中华文明在汉唐鼎盛时期的千古雄风。

第一章　万里丝路起长安

第一节　蚕丝的传说

汉朝和唐朝两个分别建朝于公元前202年和公元618年的庞大帝国，是如何从开拓疆土，雄踞四夷，转而踏上开通西域古道，建立和中亚、西亚、南亚各国和平商贸关系之旅的呢？这就要从丝绸的起源以及对华夏民族的意义讲起。

1. 蚕丝的传说

丝绸是由树上采集的蚕茧缫丝织成的，所以丝绸来自于养蚕业。蚕茧最早是怎么被发现并用来织丝的，已不可考了。而关于蚕茧和桑树的民间神话传说倒有不少。

(1)蚕女马头娘的传说。

马头娘是神话中的蚕神，相传是马首人身的少女。据《通俗编·神鬼》引《原化传拾遗》记载，古代高辛氏时，蜀中有蚕女，父为人劫走，只留所乘之马。其母誓言：谁将父找回，即以女儿许配。马闻言迅即奔驰而去。不久女孩的父亲乘马而归，但父亲决不同意将女儿许配于马。从此马不停嘶鸣,拒不饮食。父知其故,怒而杀之,晒皮于庭中。一日,蚕女由庭院经过,马皮忽然腾空而起,将其女卷上桑树,化而为蚕,遂奉为蚕神。①

著名现代诗人冯至曾据此神话写了首叙事诗《蚕马》,其中把白马和青年男子合为一体,表达对女孩的恋慕之情:"溪旁开遍了红花,/天边染上了春霞,/我的心里燃起火焰,/我悄悄地走到她的窗前。/我说,姑娘啊,蚕儿正在初眠,/你的情怀可曾觉得疲倦?/只要你听着我的歌声落了泪,/就不必打开窗门问我,'你是谁?'"②

此诗可贵的是,冯至写的是个东方美人鱼的故事。白马是女孩家坐骑,白马和女孩之间没有相隔千山万水,白马天天可以看到女孩的面孔,可以在她身边安睡,双方近在咫尺,心却远隔天涯。白马能到天涯去为少女寻回父亲,但女孩却永远不知道它的情感,他们之间永远无法逾越人和马的距离。冯至借古时无法突破而最终绝望的爱情,抒发了今人爱情的阻障。同时,蚕马神话也投射了远古时期人和动物或者人和大自然间生死与共的情感纽带。

蚕与马,本来是两类不同的动物,但在古人眼中,蚕、马却是相生相克,以为"蚕与马同类"。不过这种观念并非全属迷信,它的确来源于古代的经验之谈。郑樵《通志·昆虫草木略二》说道:"今以蚕为末涂马齿,即不能食草,以桑叶拭去乃还食。明蚕马类也。"蚕女转化为马头娘,大概就同此类经验有关。

(2)嫘祖始创蚕丝业。

嫘祖,这是个国人不甚熟悉但对华夏民族意义重大的名字。

《史记·五帝本纪》记载:"黄帝居轩辕之丘,而娶于西陵之女,是为嫘祖。"嫘祖,其实就是黄帝的正妃。我国最早的文字是象形字。《左传》中记载先秦嫘氏时,称作纍氏。纍,在《说文解字》中属"糸部":纍,就是抽丝理

---

① 蚕女:《通俗编·神鬼》引《原化传拾遗》。
② 《冯至选集》,四川文艺出版社1985年版。

丝的意思，从糸，㬎声。《说文·糸部》解释说："糸，细丝也，象束丝之形。凡系之属皆从糸。"糸为束丝之形，它指的是一束既细又少的丝。这其实是对早期家蚕丝抽茧缫丝合成细束情景的真实写照。糸作为象形字，它所象的就是治丝业起源的形。由于当时技术落后，缫丝过细，所以说"细丝也"，这是缫丝织绸起源时的必然情况。也正因为如此，它的早期性和原始性才得以充分体现出来，表明此为治丝之始，也证明了嫘祖为蚕桑丝绸的始祖。

《史记》上说，嫘祖是西陵氏之女，经学者多年从史籍、文物、石碑中多方考证，四川盐亭是嫘祖故里西陵氏之国。大诗人李白的老师赵蕤所题唐《嫘祖圣地》碑文称："嫘祖首创种桑养蚕之法，抽丝编绢之术，谏诤黄帝，旨定农桑，法制衣裳，兴嫁娶，尚礼仪，架宫室，奠国基，统一中原，弼政之功，殁世不忘。是以尊为先蚕。"

这就是说，嫘祖是古代最早发明蚕桑业的妇女，她的突出贡献就是提议黄帝把桑丝业作为纺纱织绸的制衣之本，这才有了后来的婚嫁、宫室等农耕文明的日常生活。后世尊嫘祖为先蚕之神。可以说嫘祖是原始部落中妇女生产者的象征，证明我国原始社会早期母系氏族社会妇女地位的高度，以及说明妇女在生产中有了特定角色和社会分工。

这以后黄帝以轩辕之号东进中原，"与炎帝战于阪泉之野，三战，然后得其志"，又擒杀蚩尤，"而诸侯咸尊轩辕为天子，代神农氏，是为黄帝"。

黄帝东征，自然是举族前往，嫘祖随之东迁亦势所必然。随着嫘祖东迁，始将蚕桑、丝绸传入中原，于是引起黄河流域蚕桑的兴起。嫘祖作为黄帝正妃、帝颛顼祖母，自周代以来被中原王朝列入祀典，成为中华蚕桑、丝绸之祖。

当然民间还有嫘祖发现蚕丝并养蚕的故事。

据说黄帝战胜了炎帝后建立起部落联盟，突破了神农氏仅能种植黍、稷的习惯，带领族人种"黍、稷、菽、麦、稻"五谷。但是原始部族穿衣简陋，不会制裳，仅从伏羲氏那里学着缝制野兽皮为衣。野兽皮很硬很沉，穿上它干活和抓捕动物很不方便,而且到了夏天也不轻便凉爽。

据说嫘祖带领侍女去采摘野果。看见河沟旁有一片桑树林,桑树上结满了雪白色的果子,便摘下回去煮食,发现白果苦涩难嚼。但无意间搅动这些圆球,木棍上竟缠绕了白丝线。开始她们把丝线用来捆物,后来又将丝线连接起来,于是开始了纺丝业,渐渐发明了纺丝织绸。

嫘祖给桑树上这些虫蛹取名为"蚕",给这些白果子——蚕吐的丝房取名为"茧"。自此以后,华夏民族种桑、养蚕、缫丝、织绸、做衣的活动开始了。后人为了纪念嫘祖的功绩,尊称她为"先蚕娘娘",有的地方还建庙祭祀她。

这些传说至少说明我国最早是用野蚕丝织造丝绸的,后来才改用家蚕丝。丝绸的出现比棉布要早得多,大约在上古时代就有了原始的蚕丝利用技术。至今,在陕西祭奠黄帝陵大典中仍然有祭祀嫘祖的活动。

无论如何,嫘祖发现蚕丝并养蚕的活动为华夏民族生产生活史开辟了新的篇章,使得远古农业文明迈进了一大步,也为上古到中古我国的商业贸易发展奠定了不可磨灭的雄厚基础。

(3)嫘祖蚕丝传说与民族集体记忆。

集体记忆是社会心理学研究的一个对象。法国社会学家涂尔干(Emile Durkheim)的学生哈瓦斯(Maurice Halbwachs)、俄国心理学家维哥斯基(L. S. Vygotsky)、英国心理学家巴特雷特(Frederick Bartiett)等人对此多有贡献。广义而言,集体记忆即是一个具有自己特定文化内聚性和同一性的群体对自己过去的记忆。这种记忆可以是分散的、零碎的、口头的,也可以是集中的、官方的、文字的,可以是对最近一个事件的回忆,也可以是对远古祖先事迹的追溯。徐友渔在《记忆即生命》里这么深情地说:"充满瑰丽奇想的神话,先民开疆拓土的壮烈故事,体现民族睿智的典籍,历经岁月沧桑存留下来的格言,脍炙人口几十个世代流传至今的诗歌、小说、戏曲、演义和轶闻,这种集体性记忆的内涵、风格与强韧性,构成了一个民族的精神素质,即民族性。"①

华夏民族的传说永远是与我们民族的务实进取意识相关联的。从盘古开天探索宇宙起源的执着,到女娲补天面对大自然惶惶威胁的从容,再到夸父逐日不断寻觅的耐受力,鲧禹治水宁死不屈服的精神,精卫填海知其不可为而为的信念,刑天舞干戚,对于强权此伏彼起的抗争,这些都与隐藏在汉唐人走向外域的探险精神有着天然的血统联系。

而关于丝绸的起源、蚕神的崇拜、桑林祷雨、嫘祖养蚕织绸等民间传说,早已经构成我们民族集体记忆的一部分,无不与中国远古的社会发展相联系。这些民间神话和传说的象征意义具有强大的辐射力,它使得很多中国风俗都被打上了丝绸文化的烙印。的确,民族心理积淀通常颇具历史的延续性,从而表现为集体无意识,这些深层的心理积淀必须通过民间神话等表现符号来破译其深层内涵。众多的民间传说和神话也从一个侧面反映了人们的喜怒哀乐、道德伦理、价值观念和审美情趣。

蚕神马头娘的故事体现了先民的某种图腾想象。在中国古代,蚕与马和女子早就有着不解之缘。蚕神马头娘的故事反映了古代广大蚕农的思维心态。因为从原始的狩猎时代到定居的农业社会时代,除了其饮食结构等方面发生了很大变化,服饰文化必然也会发生一场深刻的变化。马皮化蚕的故事情节似乎透露了某种寻找新的服饰原料的信息,以及汉民族服饰从兽皮粗服到丝绸服饰的转化。当然,蚕被想象为身为女子而头为马首,这是一种集体无意识的表现。的确,蚕的头很像马的头,而蚕的身体则较为柔软,跟女子的身躯有些相似,这是符合中国古代对女性的审美倾向的,女子就要柔情似水,婀娜多姿。而且,在中国古代养蚕主要是女子之事,女性与蚕的关系也就更加密切了。再者,由蚕吐丝织成丝绸的过程,也是服饰文明逐渐由蔽体到体现人体柔美曲线的进步。此外,从这则故事可以看

---

① 徐川:《记忆即生命》,《南方周末》2000 年 11 月 23 日。

出,人和兽的界限已经很明显,人、兽不能通婚,这已经超越了原始图腾的状态。在原始图腾崇拜中,人、兽往往不分。而传播这些神话的中国魏晋时期,恰恰是门阀等级观念盛行之时,这些古老传说中的不合理性也就被粉饰抹去了。蚕神马头娘的故事作为文化中的深层表征具有永久的魅力,这是远古的一种图腾活动的再现,蚕、马、女子三者合成的蚕神传说在想象中被赋予了人类社会所独有的象征符号的含义,无论是在客观形象上,还是主体感觉上,都表现了游牧文明向农耕文明过渡的社会审美的变化。

至于黄帝和嫘祖的传说,体现了汉民族远古就有的劳动和美的观念。中华文明又称黄土文明,黄帝是传说中中华民族的人文始祖,中国的农耕文化肇始于7000年前仰韶文化中心地区,这里雨量虽然稀少,但又有得天独厚的方面,就是黄土。黄土的自然肥力似乎永不枯竭,它似乎不需施肥也不需要隔年休耕。正是这片黄土地养育着黄皮肤的中华民族,中华民族的人文始祖称为黄帝本身就有文化融合的意思。黄色是中和之色,具有自然之性。

嫘祖的传说不仅体现了养育蚕是中国妇女的职责,也残存母系氏族社会女性地位的遗迹,还体现了农业民族女性采摘野果菜蔬活动及对发展人类手工纺织业进程的巨大影响,展现了汉民族对于生产原料发现和创造性运用的灵活性和能动性,这是我国首创养蚕业和丝绸业的民性基础。

汉民族又将这种对生存领域的探究精神和丝绸的轻盈、灵动性特质,沿着西域古道传递给西方四夷的民众。中国妇女的精神气质也和中国丝绸的冰晶玉润一起随丝绸之路奉献给世界服装史研究。

第二节　丝绸的文化符号和象征意义

丝绸如何作为东西方贸易交流的动力和桥梁?丝绸为何成为从中亚到罗马的人们极度需求的商品?

1. 丝绸如何成为汉民族文化符号和象征？

中国所代表的东亚文明之所以可以傲立于世界文化之林，所靠的并非四大发明，而是中国古代的玉器文化、瓷器文化、漆器文化和丝绸文化，因为只有这四大文化才是中国所特有的。尤其是丝绸，在某种意义早已成为中国的象征，也是远古中国走向世界的窗口。

原因首先是，丝绸生产比其发明的传说还要更早，大约在公元前5000年的新石器时代早期遗址中就发现了一只被人工切割过的蚕茧。

其次，丝绸在几千年来都被看作高贵的服饰材料和艺术珍品。它不仅充实人们的物质生活，而且它柔光亮丽的质地又给人以极大的精神享受。朱光潜说："美感不是别的，它就是人在外在世界中体现了自己的本质力量时所感到的快感和欣喜。""蚕桑"一词至今还可做农业的代名词。我们的祖先离开了丝绸是无法生存休养的。中国独有的方块字通用的5000个字中就有230多个带有偏旁"纟"（绞丝旁）的字。

最后，丝绸从形态上与中国思想文化的精髓相通。古代哲学家老子提倡为人处世要向水的"柔弱"品质学习。他认为，最高尚的品德就像水一样，守柔、不争、处下。"柔弱胜刚强"是老子最为著名的一个哲学命题。"上善若水，水利万物而不争，处众人之所恶，故几于道。"而丝绸就具有水的含蓄、温柔、飘逸及顺应自然的品质，它使人体与天地自然互通，使得汉民族原初的服饰材质符合天、地、人三者合一的道家思想。丝绸本身便是中华文化的象征符号。

2. 丝绸如何作为东西方文化贸易交流的桥梁和动力？

中国丝绸是由东方出口到西方的第一件重要商品。

两种文化间产生相互影响，不同的美学精神进行相互交流，往往需要一定载体，很明显，东西方之间交流最早的载体是丝绸。丝绸成为东西方文化交流的契入点。丝绸在古代中国本就象征着等级和权威，具有中国特有的精神内涵和美学品质。所以在古代,丝绸一直是由官府垄断的产业,且为皇帝赏赐大臣和别国君主的礼物。其用意是渴望自己的江山千秋万代,崇尚"化干戈为玉帛"。于是,丝绸成为外交史上的和平使者。另外,古代中国皇帝还有迫使四夷臣服的大国天子意识。这从近代荷兰王室为了得到中国的丝绸,命令使者按大清律令对中国皇帝行三跪九叩大礼以表顺服的史料中可以看出。

中国的丝绸为什么会引起西方的共鸣呢?这除了丝绸本身的物理属性外,更重要的原因是:

首先,东方丝绸代表的是财富和权力,这种文化内涵在西方得到延伸。

其次,伴随丝绸文化和美学的精神属性,以及中西方路途遥远造成他们对东方神秘文化的渴望,因而在古希腊和罗马,乃至于中世纪的十字军东征,追逐丝绸成为他们的首要目标。对权力和财富的追求在所有民族中都是相同的。

最后,中国丝绸的柔、软、轻、薄的特性,使丝绸具有"随物赋形"的特色。这与古希腊开创、西方人追求的人体美的审美原则相符合。丝绸虽在中国首创,但丝绸服饰除唐代外,历代都处于保守未被开发的状态。唐代丝绸服饰的开放,与唐文化既对外扩张又兼容并蓄有关联。这是受西方文化价值观影响。从敦煌唐代仕女图看出,唐代女性服饰低胸敞领,暴露随性,十分开放。当时诗人方干《赠美人》就有"粉胸半掩疑(凝)晴雪",周濆《逢邻女》也有"慢束罗裙半露胸"的描写。相反,古希腊实行城邦民主制,女性社会地位很高,享受与神相等的地位。丝绸的"随物赋形"正好迎合了西方的审美观念,他们在东方丝绸上找到了最完美的"感性表现"。

这样,东方有输出丝绸的愿望,西方有输入丝绸的渴望,两者的结合是丝绸成为东西方文化交流的契入点。丝绸在罗马文化领域也有了远东形象的特有含义,成为罗马人不断向东探险的重要精神动力。

3. 丝绸如何成为中亚到罗马的人们极度渴望、大量需求的商品？

中国最早将丝绸运抵罗马，是从丝绸之路分几个阶段进行的。丝绸以丝线、织物和纱的形式经印度运到埃及，这是中国带给罗马的重要礼物，也是中国对于世界文明的贡献。

罗马人对丝绸钟爱有加，丝的来源和编织常是罗马作家谈论的话题，丝绸成为上流社会的高档消费品。据史书记载，公元前1世纪，古罗马的执政官凯撒大帝穿着灿若朝霞的丝织长袍进了剧场，引起百官以及贵夫人的惊叹声。于是穿中国锦衣绣服，成为当时贵族男女的流行时尚。

但是，罗马人开始并不知晓丝绸的源头在中国，罗马帝国的诗人维吉尔作为第一个提到远东民族塞里斯人（Seres）的罗马人，在《农事诗》中却写道："塞里斯人从树叶上梳下精细的羊毛。"他们错误地认为丝绸原产于印度，模糊地认为塞里斯是远东的一个民族，而且把蚕茧的采摘与棉花的采摘混为一谈。

虽然在古希腊和古罗马，一些学者把丝绸和享乐主义甚至堕落联系在一起，元老塞涅卡被优质丝绸的透明度吓坏了："成群可怜的少女辛勤地劳动，换来的却是奸妇可以通过其轻薄的衣服暴露躯体，丈夫对妻子身体的了解并不比外人或外国人多多少。"但丝绸在罗马仍十分流行。丝绸外衣和原料价格都在古罗马皇帝颁布的法令中被罗列出来，这是抑制通货膨胀和制定最高限价的一种尝试。丝绸成为从中亚到罗马人人追趋逐耆，象征权力地位的贵重衣料。

丝绸比作为饰品的玉石需求量大，分量轻，利于携带，在漫长的商道携带输送这样的商品既保证了品质的贵重，又保证一次运输商品的数量，并且很快可得到惊人的利润，所以丝绸比玉石被运输到了更为遥远的国家。因此，丝绸之路成为中国通往西域古道的代称绝不是偶然的。

第三节 丝路传奇：永不止息的生命之流

1. 丝绸之路的名称、走向和历史沿革

丝绸之路，简称"丝路"。那么，"丝绸之路"这个词最早是从哪里来的呢？丝绸之路正式命名的时间是1877年。19世纪末，德国的地理学家和探险家李希霍芬将张骞开辟行走的这条东西大道誉为"丝绸之路"。"丝绸之路"这一说法为世人所普遍接受还要归功于李希霍芬的学生——以发现楼兰古城而享誉世界的西域探险家斯文·赫定，这位传奇式人物在20世纪30年代中期出版了一部以《丝绸之路》为书名的名作。

丝绸之路，因其上下跨越历史2000多年，涉及陆路与海路，所以按历史划分为先秦、汉唐、宋元、明清4个时期，按线路有陆上丝路与海上丝路之别。陆上丝路因地理走向不一，又分为"北方丝路"与"南方丝路"。本书所说的丝绸之路是指西汉（公元前202—公元8年）时，由张骞出使西域所开辟的以长安（今天的西安）为起点，经甘肃、新疆，到中亚、西亚，并联结地中海各国的陆上通道（这条道路也被称为"西北丝绸之路"，以区别日后另外两条冠以"丝绸之路"名称的交通路线）。因为由这条路西运的中国货物中以丝绸为主要商品，故此得名。它的基本走向确定于两汉时期，其中包括南道、中道、北道三条路线。丝绸之路的路线几经变化，但主要如下：从长安（或洛阳）出发，穿塔克拉玛干沙漠，再跨越帕米尔高原，然后经中亚细亚的撒马尔罕到达波斯，再经波斯转运至罗马。"丝绸之路"的名称多少容易令人产生误解，使人联想起一种连续不断的旅行，实际上货物是经多条路线和多个商人之手，分多个阶段才到达目的地的，走完全程大概要花一年的时间。

广义上的丝绸之路，不仅在地理上涵盖了遍布高山和沙漠的辽阔地域，而且还蕴含着悠久的文化和历史以及传奇式人物。这里包括被遗忘的

王国,如粟特人的王国和党项人的西夏,有许多曾经辉煌又消失的王国,比如楼兰国、西夏国、仇池国、吐谷浑国等;有许多富于传奇色彩的历史人物,如张骞、班超、霍去病、细君、解忧、冯嫽、王昭君、玄奘、成吉思汗、林则徐、左宗棠等;有历史上活跃在丝绸之路上的众多民族,如匈奴、回纥、党项、吐蕃、吐谷浑、蒙古等。

20世纪30年代,传教士盖群英和冯贵石描述了他们于日出之时行进于丝绸之路上的感叹:"在这条路上,无数行人走了几千年,形成了一条永不止息的生命之流,因为它是亚洲伟大的高速公路,它连接起了远东和遥远的欧洲大陆。"丝绸之路的魅力正如贸易商人弗莱克所认为的,既是一种想象中的魅力,也是一种贸易的魅力,更深层的,比如探险的魅力、文化的魅力:"我们旅行并不仅仅为了经商,热风吹拂着我们烦躁的心,为了探求未知的渴望,我们踏上了通向撒马尔罕的金色旅程。"

总之,陆上丝绸之路东起西安,西至伊斯坦布尔,全长8000余公里,横跨15个国家,是古代横贯亚欧的通道,在世界史上有其重大的意义。它是亚欧大陆的交通动脉,是中国、印度、希腊三种主要文化交汇的桥梁。这几句平淡的文字描述足够惊世骇俗。一个长期处在自给自足的小农经济的古老国度,是因为什么样的历史环境和勇敢气魄,能在它早期的封建政治经济达到鼎盛的朝代,开启远征亚欧的商贸之旅?而且,它的初衷和结果又结合得宛曲自然,如天作之合。这是我们在本节中需要思考和回答的问题。

2. 丝绸之路——行走在大漠险滩的骆驼商队

这条连接绿洲之间的商旅之路是人类在与严酷的自然斗争中开创的道路。丝绸之路跨越极其恶劣的地域,道路的艰险增添了丝路的传奇。

东方各地的财富经由陆路源源不断地运送到大唐的土地上,或车装,或驼载,或马运,或驴驮。从敦煌到吐鲁番途中要经过白龙堆(古代罗布泊遗留下来的盐壳)。白龙堆是地地道道的沙漠,不仅穿行艰难,沿途还有恐惧的自然和人类的魔掌。所以商队宁愿取道伊吾(即今哈密),这样就可以躲开白龙堆,向北绕道抵达吐鲁番。而另一条与此平行的道路叫南道,沿着神秘的昆仑山脉北缘西行,到达和阗和帕米尔。这些道路之所以能够通行,完全靠了巴克特里亚骆驼的特殊长处。这些骆驼不仅可以嗅出地下的泉水,而且还能预告致命的沙暴。"风之所至,惟老驼预知之,即嗔而聚立,埋其口鼻于沙中。人每以为候,亦预以毡拥蔽鼻口。其风迅驶,斯须过尽,若不防者,必至危毙。"

在纵横八千公里的丝路上,横卧着天寒地冻的巍巍昆仑,途经凶险莫测的茫茫戈壁,没有超凡的意志和毅力,是无法长途跋涉至目的地的。商队翻昆仑,越葱岭,渡流沙。皑皑雪山,他们受的是风霜刀剑严相逼;茫茫沙漠,他们经的是酷热干旱生死劫。大漠孤烟直,伴随他们的岂仅仅是一路的荒凉与孤寂?更有死神与他们一路相随,疾病与干渴、寒冷与饥饿,常常让商人与骆驼倒毙在丝绸之路上,而倒毙在路边的枯骨却往往成为在沙尘暴中迷路的商人驼队的路标,他们沿着这些枯骨,一步一步,走出沙漠。唐朝诗人岑参写道:"今夜不知何处宿,平沙万里绝人烟。"商人的一路坎坷与磨难,尽在岑诗中。王之涣诗云:"羌笛何须怨杨柳,春风不度玉门关。"塞外的苍凉与荒芜,让王维为出塞的朋友频频举杯:"劝君更尽一杯酒,西出阳关无故人。"而贬官新疆路上历经塞外苍凉荒芜的林则徐途经嘉峪关时,更是感慨:"除是卢龙山海险,东南谁比此关雄!"

丝绸之路上,阿拉伯商人的驼队发出的一串串驼铃声中,注入中国塞外诗人的情感与元素,才让古丝绸之路显得情感浪漫,显得五彩缤纷,显得内容丰富。

关于沙漠的严寒,13 世纪传教士鲁布鲁克这么描述:"自从结冰之日起,严寒就一直持续到第二年的 5 月。即使在 5 月,每天早晨仍会结冰,在冬天,冰雪从不融化,复活节前后,随风而至的严寒会冻死无数动物。"600 年后,同样的冬季严寒也使喀什葛尔的英国领事生活受到了影响:"饮用水在热水瓶中结了冰,煮熟的鸡蛋被冻得坚硬,冰冻的鸡肉在被敲打时发出清脆的响声。"

马可波罗在游记中描述夜间出来骚扰旅行者的神秘幽灵:"要是因闲逛或睡觉或其他什么原因而同伙伴失去联系,后来又想归队,那时他就会听到幽灵像同伴一样跟他谈话。通常这种声音会使他走失,使他再也找不到原来的路。很多旅行者就这样迷路而死去。即使在白天,旅行者仍能听到这些幽灵的声音,但你通常会相信,你听到的是很多器械的声音,特别是鼓声,还有武器的碰撞声。为了避免这种幻觉,旅行队要注意近距离聚集,睡觉前树起一个指向他们将要去的方向的路标,还在牲畜的脖子上系上小铃铛,这样他们就可以靠听铃声来防止迷路。"

真正严重的问题是土匪而不是幽灵动听的声音。

在16世纪,前往希瓦和布哈拉的英国旅行者詹金森和他的队伍遭到了由37人组成的匪帮的攻击。夜幕时分,双方呼叫停战,詹金森和他的队伍扎营在一座小山上,土匪处于队伍和水源之间。詹金森的骆驼已经两天没有喝水了,他们被迫交给土匪钱财,希望放过他们,最后未能如愿,只有詹金森九死一生脱离险境。在16世纪及其以后的希瓦和布哈拉汗国,旅行者如果不是穆斯林就有被立即处死的危险。

1274年,意大利著名的旅行家和商人马可波罗一行离开了阿富汗东部的瓦罕地区,走上了帕米尔高原,从此开始了长达17年的中国之行。此高原名称帕米尔,骑行其上需12日,不见草木人烟,仅见荒原,所以行人必须携带所需之物,其地甚高,而且甚寒,行人不见飞鸟,寒冷至极,燃火无光。

茫茫丝绸之路,来回路途三万里,历经春夏秋冬,饱经岁月风霜。对一些阿拉伯商人来说,函关归路数万里,一夕秋风白发生。然而,只要能平安归家,即使增添了白发,也是值得的,更是幸运的。那些弃置在丝绸之路边的白骨,成了多少家庭中父母、妻子、儿女梦中的归来人!

随着19世纪世界工业化的蓬勃发展,古丝绸之路完成了它的历史使命。沧海桑田,岁月渐渐磨平了古丝绸之路的辉煌痕迹,丝绸之路上那些关隘,那些客栈,随着历史风雨的打磨,唯剩断墙残垣,默默地定格在历史的岁月中,风干在历史的记忆中。

第四节 万里丝路起长安:中华文明的一个缩影

丝绸之路是中国古代文明辉煌时期的壮举,它之所以在汉唐两朝被开辟,是与汉唐帝国处于封建王朝鼎盛期,具有开放包容和勇敢探险精神分不开的。

是什么使得长安成为通向丝路的门户城市?我们先将两个开拓西域时期的长安作一下对比。

1. 西汉长安:具有敢为天下先性格的城市

(1)武帝时期的长安。汉室拥有年轻的皇帝、雄厚的基业。公元前140年,汉武帝刘彻继位时仅有16岁,年轻的皇帝,手中却掌握着秦以后第一个大一统帝国。而且此时经过无为而治的文景之治41年,到了武帝时期的长安,"非遇水旱之灾,民则人给家足,都鄙廪庾皆满,而府库余货财。京师之钱累巨万,贯朽而不可校;太仓之粟,陈陈相因,充溢露积于外,至腐败不可食"。

(2)首通西域的长安。政治上,汉武帝选用亲信侍从组成宫中的决策班子,称为"中朝"或"内朝";颁行"推恩令",解决王国势力;将盐铁和铸币权收归中央。文化上,"罢黜百家,独尊儒术",使思想文化高度统一,结束了先秦以来"师异道,人异论,百家殊方"的局面。于是,年轻的皇帝,"财力有余,士马强盛"的国家,很快就发展成一个锐意进取、开疆拓土的王朝。汉朝一贯重农轻商,它向外的眼光开始并不一定是为了商业,主要还是开疆拓土,铲除外患。对于西周起到汉武帝,一直威胁中原的匈奴隐患,汉朝直到武帝时才下决心清除,是因为国力强大,时机已到。

(3)张骞代表了西汉人的冒险品质。那样庞大的一个牵制外夷的军事计划,却是在诸侯王公大臣谁也不愿冒险,国家选不出使臣的情况下,找了一个很小的郎官张骞,试探性地开始了到西域联盟打击匈奴之旅。这一方面得说汉武帝时开创察举制选拔人才,而不是后来的门阀制度,为底层庶民开辟了得以在边塞探险取得功业的开创事业之路。张骞的个人品质也不可忽视,他之所以成为汉室开辟西域的第一人,与他个人"为人强力,宽大信人",即坚韧不拔、心胸开阔,并能以信义待人的优良品质有关。所谓"时势造英雄"。汉武帝的性格、张骞的性格、汉朝的强盛之势(分别出现,每一句有雷声响动),必将演奏出华夏民族走向西域的首部华彩乐章,完成长安和丝绸之路的第一次亲密接触。

2. 盛唐长安:拥有海纳百川气度的城市

(1)长安是外来文化的中转站。

盛唐长安,指唐玄宗在位的开元、天宝年间,大致相当于公元 8 世纪上半叶时的长安。这时的长安享受着国家政治开明,经济繁盛,文化发达,对外交流频繁给这个都城带来的自信,后人将盛唐作为唐王朝的代称,与它身后的中唐、晚唐比较,可谓唐代的青少年时期。所以,盛唐长安拥有世界政治经济中心的地位,具备海纳百川、囊括四夷的胸怀和自信是可想而知的。

汉唐长安,也就是今日的西安。这里的大唐西市,是丝绸之路的起点。罗马哲人奥古斯都说过,"一座城市的历史就是一个民族的历史"。中国原意是中央之国,中国的中心或叫大地原点就在西安,历史上周、秦、汉、唐等十三个王朝在西安建都。"东有罗马,西有长安",在汉唐时期,长安就是人口最早超过百万的国际大都市。它与世界名城雅典、开罗、罗马齐名,被誉为世界四大文明古都之一。

丝绸之路的开拓,使盛唐长安成为各国文化交流的中心。我们说,唐文化奉行立足于我、夷为我用的开放政策,使得唐长安必将成为通往丝路的门户。以乐舞、服饰的引进为例:唐太宗平定高昌,引进高昌乐,唐代的十部乐中,燕乐、清商乐是传统的古乐,其余如龟兹乐、天竺乐、西凉乐、高昌乐、安国乐、疏勒乐、康国乐等都是从边疆或域外引进的。这使得唐长安成为十分时尚国际化的音乐之都。唐玄宗是个音乐皇帝。他吸收来自西域的胡乐,加速了华夷之音渗透与胡音唐化的步伐。唐玄宗将佛曲改制为舞曲,使唐代的胡音一跃而为纯粹的唐舞。千古传诵的《霓裳羽衣曲》源于《婆罗门曲》(印度佛曲),由边疆引进,玄宗立足于传统的清商乐,对原曲进行改编,形成了唐乐舞的杰作。杨贵妃又将《霓裳羽衣曲》编成舞蹈,舞姿极为优美。白居易《霓裳羽衣舞歌》中描绘:"飘然转旋回雪轻,嫣然纵送游龙惊。小垂手后柳无力,斜曳裾时云欲生。螾蛾敛略不胜态,风袖低昂如有情。"在对乐舞采取拿来姿态的上层皇室引领下,长安成为一个深受胡风影响的开放都市。史料记载,杨贵妃善跳胡舞,穿胡装,引领了唐朝女子爱穿胡装的时尚。唐玄宗不仅不阻止,还积极进行胡服的唐变。杨贵妃姐妹就喜欢穿经过改进的胡服,这样使中原的服饰更趋向开放。杨贵妃有"鸳鸯并头莲锦裤袜",又名"藕覆",是相当时髦的打扮,类似今天的连裤袜。一时之间,从上到下,新潮服饰大为流行。因此,长安不仅是丝绸之路的起点,也是丝路文化进入华夏的终点和向全国传播的中转站。

(2)长安是中外交流的国际都市。

这种对外来文化兼收并蓄、为我所用的胸襟和气度,是唐朝有别于其他朝代的独特之处。正如鲁迅先生所说的:"那时我们的祖先们,对于自己的文化抱有极坚强的把握,决不轻易动摇他们的自行力;同时对于别系的文化抱有恢廓的胸襟与极精严的抉择,决不轻易地崇拜或轻易地唾弃","凡取用外来事物的时候,就如将彼俘来一样,自由驱使,绝不介怀。"

域外文化的流行,并不是唐朝文化衰落的标志,相反正是它高度繁荣的象征。唐朝的文化交流在长安无疑是最集中、最繁盛的。而这些来唐进行文化交流的外国人都是什么身份呢？

一是长安城中居住的许多外国使节。在亚洲各国的使者中人数最多的是日本派来观摩学习唐朝文化的遣唐使。遣唐使一般选择文艺优秀、通达经史的文臣，包括医师、画师、音乐家、僧人和留学生等，一次规模可以达到几百人。安史之乱以后，唐朝一次只允许八十五人进入长安。这些使者对中外文化的交流起到了重要的作用。

二是居留在长安的外国王侯，也就是一些灭亡国家的贵族。

三是供职于长安的外国人。唐朝广泛吸收各族人员来担任官员，如高丽人高仙芝就是有名的将领。日本人供职于长安的有著名的阿倍仲麻吕，汉文名字叫晁衡，他中间一度想回日本，但在归程中遇大风浪失踪，于是有消息称他淹死于归国途中。李白还曾经写诗进行悼念："日本晁卿辞帝都，征帆一片绕蓬壶。明月不归沉碧海，白云愁色满苍梧。"

四是长安城里的外国留学生。当时长安的留学生中日本人最多，比如著名的高向玄理，他把唐朝的律令制度介绍到了日本，促成了后来日本历史上著名的大化改新。他们不仅把制度传到日本，还有长安的建筑。在长安有一座大雁塔，日本人也想在日本建一座大雁塔，但是日本是一个地震高发的国家，建高层建筑十分困难，建了不久就被震倒了。后来他们再来中国，唐朝人就告诉他们，你们那里是蛮夷之地，本就不能建这样的东西，我们是天国可以建，你们非要建，结果上天震怒，就给你们毁掉了。

五是学问僧和求法僧，这些人相当于今天的访问学者。当时来中国的僧人主要是天竺僧人和日本僧人。

六是乐工和舞士，也就是文艺界同仁。唐长安城中有大量来自世界各地的音乐家和画家，不仅有西域的，也有东南亚等地的。史书还记载有东罗马帝国的魔术师来中国。

七是商人。这些商人中以大食和波斯的商人最多。他们不仅经商，也传递着文化的种子。

唐朝长安城中聚集着如此众多的外国人，盛况空前，以长安为中心，中国各民族之间，中国与当时的世界各国之间，上演着文化交流的大场面。唐朝时期的中外文化交流主要体现在宗教、语言学术、文学艺术方面。这样，我们就会理解，自汉唐以来，华夏民族如何怀着这样洒脱宽广的胸怀气魄，走出国门，由征战开拓到和平交流，到政治、商业和文化的友好接触联系，丝绸之路就这样在汉唐人脚下，开始了它充满未知意义的西行探险和远足，在人类版图开拓史上显露出它辉煌的东方人文的曙光。

大唐帝国以长安为起点，建立了安西四镇，重修玉门关，进一步开放沿途关隘，打通天山北麓丝路，西线至于西亚，开辟了万里丝绸之路。长安成为当时重要的商贸中转站，大量来自全国的丝绸、铁器、镍等贵重金属，铜器、漆器、古桃、甘蔗等，经中亚、西亚一直传至罗马。中国从西亚以西输入毛织品、玻璃、玛瑙、宝石、香料及化妆品。中亚各国的葡萄、苜蓿、蚕豆、石榴、番红花、芝麻、胡萝卜等植物经伊朗、西域传入长安，还有大宛的汗血马、天马来到长安。由于唐朝的强盛，为寻求理想信仰和文化交流到长安的人越来越多，长安遍地是佛教寺院、外来移民的聚集区。大规模引进并有选择地采撷世界各国优秀元素，融合到历史悠久的传统文化系统中，这种源于丝绸之路提供的跨国文化互动与交融造就了以汉唐长安为中心的国际大都市气魄，对中华文化的形成与发展产生了重大影响。

丝绸之路的交流是双向的、多元的，推动了唐长安城国际化都市的构建和发展，塑造着长安城所彰显的多元性、包容性、开放性，而同样使高度发达的中国汉唐文化文明传播到西方，成为世界文化的重要组成部分。至今仍能在欧洲意大利和中亚地区一些城市及其社会生活中看到当年丝路长安的鲜明遗风遗迹。

万里丝路起长安，丝路各国文化对长安的影响是深远的，古长安的恢宏气度和包容开放文化对今日西安建设现代国际新丝路城市也会具有强有力的借鉴和启示意味。历史和现实在长安城，在大唐西市的遗址交汇沉思,带我们回到那个酒旗招展、东西方文化联袂登场的长安都市,感受八方云集、胡汉经商的浩瀚场面。所以接下来是我们的第二章,坊肆酒旗映西市。

第二章　坊肆酒旗映西市

7世纪,中国的强盛令外国人感到吃惊。因为美洲和非洲基本还属于"沉睡的大陆",欧洲则处于法兰克王国的草创时期,蛮族入侵导致罗马帝国衰亡的创伤还无法修复。亚洲虽然被视为"富庶的东方",不过由于阿拉伯帝国迅速崛起,拜占庭、波斯、印度等国长期处于战争之中,导致从西亚到中亚与南亚都无法平静。

只有中国在7世纪赢得了空前的统一,并且在政治、经济、文化各方面都取得了空前的繁荣。唐朝逐渐从封闭自足的农耕社会进入中世纪规模初具的商业社会。

一个生机勃勃的东方商业大国是怎么出现的呢?

1.政治经济强盛

7世纪,李渊父子建立唐朝后,取消门阀制度,实行开明政治和兼容的思想文化政策,使得唐朝国家统一,政府推行轻徭赋、劝农桑的政策,实行租庸调制和均田制,使农民得到了土地和时间,促进了农业生产发展。7世纪的唐朝,物价低廉,经济稳定,人民休养生息,是中国最强盛的时代之一。

2. 钱币代替税收

税收制度货币化促进了商业的繁荣。唐王朝起先将小块农耕地分给农民,并制定了稳定的税收制度——租庸调制。租,每个成年男子必须交纳粮食税;庸,妇女交纳丝绢麻布作为家庭税;调,成年男子定期为公共工程服劳役。丝绢当时是正式的价值尺度,它可以与任何物品进行交换。

但是税收制度逐步被放弃,780年出现了两税法,即分两次用钱币代替税收,放弃了实物和人丁税收制度。于是,古老的自然经济为货币贸易取代。大唐是世界上最早发行纸币的国家。飞钱,是近代世界各国学者所公认的最早纸币。对货币的认可为商人提供了极大便利。税制变革鼓励了商人阶层的积极性,新的金融界出现不仅代表了商人和中间商的全盛时代,而且在一定程度上宣告了独立的自耕农的崩溃。

3. 水陆交通促商

盛唐和中唐大部分时期都处于8世纪。前五十年是盛唐,时间较长,富足安定,物价低廉,"天下无贵物",人们可以便利周游各地,"南游荆、襄,北至太原、范阳,皆有店肆以供商旅,远适千里不持寸刃"。旅客代步工具是骡子和马。朝廷为使租庸调到的丝绢顺利从长江口转输京都,或将外来奢侈品运进,重修京杭大运河以满足南北漕运。良好的陆路和水路交通促进了域外贸易的肇始。

4. 开放四夷商贸

随着国力的强盛,朝廷采取对外开放的政策,连通了与四夷的商贸往来,在边疆道路设立军镇,这使得域外的人员和货物可源源不断来到这方乐土。

这样,唐朝逐渐成为东方各国的商业中心,国际化城市格局初具规模,商业贸易盛况空前。当年盛唐的长安城究竟是什么模样呢?

现在,这一切都需要我们回到长安通向西域的起点——大唐西市,重回当年的时空磁场,回到那个疆域辽阔、八方通商的历史年代。

第一节 长安城:百千家似围棋局,十二街如种菜畦

1. 唐长安城的布局

唐长安城,创建于隋开皇二年(582年),隋都于此,名大兴城。唐长安城位于汉长安城的东南面。

唐都长安,城墙拱卫的城区东西宽9721米,南北长8651米,全城周长36.7千米,面积约84平方千米。城市布局严密整齐,在高大城墙拱卫的外城廓中又筑有内城,把皇宫、政府机构、居民区用城墙与街道划分开。

从城市规模来看,长安城内的居民在100万人以上,而8世纪欧洲的城市,居民一般不过5000人至1万人,最大城市才约5万~10万人。在7—9世纪,欧洲的城市能有两万居民便是很了不起的。所以,西方人看到中国唐代时城市的规模和人口数量,不得不发出赞叹。

唐代长安城里南北有11条街,东西有14条街,有东、西两个市,东市位于现在西安交通大学一带,在当时主要是国内市场。西市位于西安市劳动南路和东桃园村之间,也称为"金市",是当时规模宏大的国际贸易场所和时尚娱乐中心。就因为一个市在东、一个在西,"买东西"一词即来源于此。

唐长安城总体上是中轴对称的格局,设计时参考了邺城和汉魏洛阳城的布局。城市建设过程中,还附会《易经》中"乾卦六爻"的说法,根据龙首原分为六条岗地的特点,安排了功能不同的建筑。在城市的边缘规划了园林区,既美化了环境,又可作民众的游览区,是中国古代城市史上的一大创举(见图2-1)。

第二章 坊肆酒旗映西市

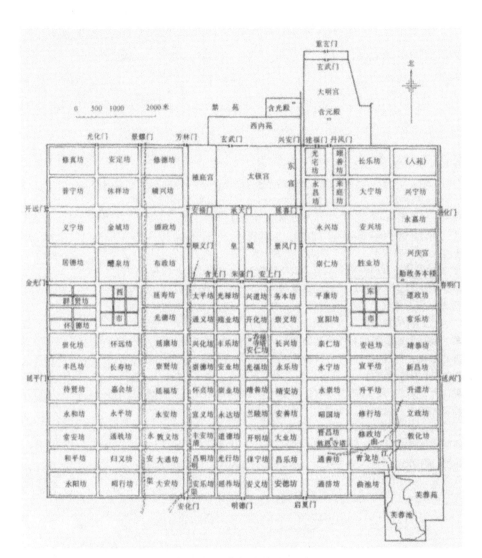

图 2-1 唐长安城平面图
（资料来源：大唐西市博物馆）

欧洲城市数百年间，街道狭窄，房屋毗连，城市广场和街道全无铺砌，晴天尘土飞扬，雨天道路泥泞，空气污浊，瘟疫经常发生。与之相比，唐长安城可说是世界城市建设规划史上的杰作。

白居易在《登观音台望城》诗中描绘了从南山眺望长安城的情景:"百千家似围棋局,十二街如种菜畦。遥认微微入朝火,一条星宿五门西。"因此,千家万户像菜畦、围棋局一样分布、排列整齐的里坊形态,是唐长安城一大特征。郭城之内,有东西向 14 条大街,南北向 11 条大街,以及由此 25 条大街纵横交错分割的 108 坊。里坊布设和规划有规矩可循。街衢宽敞笔直,纵横对称,大道平坦。整个长安城像棋盘一样,井然有序。

唐城 108 坊是中国历史上里坊制度发展至巅峰时期的典型代表,其构筑的生活空间在当时是无与伦比的。从唐长安地图上可以清晰地看出,朱雀门是皇城南城墙的正门,明德门是外郭城南城墙的正门,而两者之间的朱雀大街正是长安城的中轴线。这一中轴线又是市区之内万年、长安两县分治的界限,万年县治在街东地区,长安县治在街西地区。

如今西安的街衢依旧四方周正,彰显出曾经皇城的端方威严,正街已迁为以钟楼为标志的东、南、西、北四条大街。当年的朱雀门大街,如今桥栏旁护城河里寒水自碧,唐风遗韵如尘封的朱门车毂丽影依稀。站在通往城门的桥边,我们不禁吟唱中唐诗人韩愈描写朱雀门大街的那首《早春呈水部张十八员外》诗:"天街小雨润如酥,草色遥看近却无。最是一年春好处,绝胜烟柳满皇都。"诗中的天街,正是唐长安城的朱雀门大街,它贵为天子皇族出行的正街,在历史上留下了香车宝马、歌楼舞榭,而后风流云散的寂寥倩影。

唐代长安城市建筑充满了外来元素,是唐长安城的又一景观。其中佛教不仅成为当时社会各阶层弥合矛盾隔阂的共识,还与时俱进持续中国化,成为华夏民族信仰的一部分。长安城墙拱卫的市内出现了 100 多座著名寺院。其中有玄奘西行归来讲经的慈恩寺,佛教密宗发祥地兴善寺,义净西行归来翻译佛经的荐福寺,日本空海学习密教所在的青龙寺,武则天削发为尼所在的感业寺,长安已成为一个蔚为大观的佛国世界。佛教寺院里都筑有殿堂、佛塔、红色院塔,日日晨钟暮鼓,以别于世俗建筑,这些都是受印度文化影响的结果。

长安城不仅有佛寺,还满布大大小小异国情调的其他宗教建筑,如波斯祆教、摩尼教、西亚的景教,阿拉伯人传入的伊斯兰教等都各有其寺院。各种宗教寺院的存在,使当时的长安城充溢着雕采镂金的异域风情。

在《旧唐书》里记载了一个很有特色的来自东罗马帝国、波斯帝国的建筑工艺,那就是把水引到高处,再使水如瀑布般流下,这样夏天时节"屋上泉鸣,四帘飞瀑,悬波如瀑,激气成凉风",长安城的建筑随之颇受神秘奇异的外来建筑艺术的濡染。

我们可以想象那时的唐朝,是一个如日中天的东方帝国:它的平旷大地,静静迎候来自欧亚大陆的迤逦商队和猎猎马群;它的通达街衢,端庄迎接着宇外八方各国使臣的朝贺和观览;它清通明亮的天空,随时交融迭变着各种思想和信仰的云起云灭。它的奢华是不分海内种族的共享和狂欢,它不以丝绸的极珍而自矜,不以玉石的高贵而自守,相反颇能赏鉴异域之明月,举四海之杯醑。丝绸之路的西边,罗马人的宫殿拉丝绸以为饰,悬丝绸以为旗,尊丝绸以为祭,穿丝绸以为贵。一个东西方共惠的商业高速公路建造起来了,漫漫商队运载着中国的铁器、镍器、铜器、漆器,挟带着令西域客口齿生津的古桃、甘蔗步入中西亚和罗马。丝路的另一头,西域和罗马的毛皮、玻璃、玛瑙、宝石、香料及化妆品,葡萄、苜蓿、蚕豆、石榴、番红花、芝麻、胡萝卜等植物,经伊朗、西域,源源不断地传入中国。博爱包容的唐王朝付出了真诚和珍贵的礼物的同时,也收获了更多的宝藏,收获了文化交融的累累硕果和文明进步的辽阔空间。正如皇室们得到了大宛的汗血马、天马,当时世界闻名的奇珍异品沿西域之门送入东方中心国大唐。

2. 唐长安的早期商业意识

在唐朝,城市的商品经济早已成为封建自然经济的补充。

社会学家费孝通先生在《乡土中国》里对于中国传统文化中的"乡土"

元素做了分析。① 上推到隋唐,"乡土中国"的情结渗透到士大夫的思想深处。文人士子离乡背井到京都长安求仕,无论春风得意还是流落不偶,都有一份归乡的情结。贺知章的《回乡偶书》"少小离家老大回"是一种融会在生命中,流淌在血脉里的乡土情怀。当代台湾诗人余光中的一首《乡愁》更是这种情结在现代社会的遗传和继承。

但这种乡土文化传统,却一直与京都所代表的市井文化冲撞交融。唐代农耕经济的本体,始终与城市商贾文化相辅相成。唐代文化中分外活跃的商贸文化体系,不仅作为封建自然经济的补充,还推动唐以后中古农业社会结构向古近代商业社会结构演变的进程。

唐代早期商业意识,从唐传奇小说中可约略看出。中国古代"重农轻商""重义轻利"的传统思想导致了商贾地位的低下。在唐以前,将商贾作为表现内容的文学作品是极少的,而且商贾的形象也是黯淡无光的。唐五代商贾题材小说在中国小说史上第一次较为集中地反映了商贾生活,塑造了商贾的群像。他们是人世间商业秩序的维护者,其中不仅有一大批慧眼识宝的胡商形象,以及对他们识宝的过程和方法的表现,还出现了女商人群体。更引人注目的是,小说中出现了新兴商贾形象。作为商贾,具有富可敌国的物质财富和传奇经历,他们具备较先进的商业经营理念,体现出前所未有的优秀商业道德,遵守诚实、公平、守信,以本守富原则。作为一名社会成员,他们往往具有很好的修养,时常表现出轻财重义、扶危济困的优良品质。作为一个个体,他们拥有令人羡慕的物质财富,有着足够的资本和较自由的空间去选择他们所向往的生存方式和人生道路。这样的商贾形象在前代文学作品中是空前未有的,具有补缺的史料价值,其根源就在于唐中叶以后商品经济的蓬勃发展和社会价值观的转型。如果说唐长安城是世界中古史上的千古名都,是横贯亚欧大陆的丝绸之路的起点,是

---

① 费孝通:《乡土中国》,上海人民出版社,2006。

当时亚洲最大的国际政经交流中心,大唐西市就是这个恢宏盛大的国际商贸中心的核心舞台。

第二节 长安西市:中古商贸的传奇

1. 西市的布局

唐长安实行比较严格的坊市制,居住区"坊"与经济区"市"互不干扰,体现了社会分层秩序和律令社会形态。西市远离位于长安城东的大明宫、兴庆宫,远离达官显贵集中居住区,周围多平民百姓住宅,市场经营的商品多是衣、烛、饼、药等日常生活品。西市商业较东市繁荣,是长安城的主要工商业区和经济活动中心,因此又被称之为"金市"。西市是丝绸之路进入长安城的第一站,也是中外商贾云集的对外贸易区,因此,就成为大唐乃至当时世界上最兴旺发达的都市经济特区。

西市到底是什么样子的呢?

20世纪60年代,中国科学院考古研究所唐代长安城考古队对西市进行了部分发掘,据《唐代长安考古纪略》所载:"西市平面呈长方形,南北长1031米,东西广927米。市的北、东两面尚有夯筑围墙基址,墙基宽(墙的厚度)皆4米许。市内有南北向和东西向平行街道各两条,宽皆16米,四街交叉呈井字形。南北向两街相距309米,东西向两街相距327米,道宽117米或120米,街西两侧有水沟,发掘出一部分房屋遗址,最长不到10米,约合三间左右。"[①]

西市的平面结构呈方形,占两坊之地,面积约1平方千米,四周夯土围墙,开八门,内设井字街道和沿墙街道;市内划分为九区,每区四面临街,各行业店铺临街而设。

---

① 马得志:《唐代长安考古纪略》,《考古》,1963年第11期。

据考古发掘成果,西市内有南北向、东西向均宽16米的平行街道各两条,四街纵横交叉呈"井"字形,将整个市内划分成9个长方形区域的"九宫格局",四面各有两门。这种市的形制,是中国古代封建社会"坊市"制发展极为成熟、最为典型的体现,也是中国封建社会经济达到极盛时期市场形制改新的重要转折期。

从文献记载和考古发掘来看,西市的店铺非常稠密,市内几乎没有什么空地。可以想见,远在中古,我国已出现较为成熟的商业城市运营模式。

当年大唐西市的市场管理模式及管理办法,对今日西安的城市管理也具有一定的借鉴和研究价值,这个课题留待城市管理学者作进一步研究。

2. 西市的管理

西市在商贸方面归太府寺管理,《新唐书·百官志·太府寺》记载,"太府寺,卿一人,从三品;少卿二人,从四品上。掌财货廪藏负贸易,总京都四市。"太府寺下设两京诸市署,专门负责长安与洛阳的市场管理。《长安志》卷十记载,西市"南北尽两坊之地,市内有西市局"。这里的西市局就是西市的管理机构"西市署",直属于少府寺。少府寺掌山泽之事,后又掌宫中服饰衣物、宝货珍贵之物,有点像今天的物资部门。西市署相当于今天的城市管理机构。大唐西市城管设有两个机构,一个是西市署,一个是平准局。平准局负责管理物价。西市署则从8个方面对西市进行管理,包括开市时间、闭市时间等。西市署的人员共有18个,最高官员是从六品。根据"日中而市"的规定,到正午的时候,以"击鼓三百声"开市;日落前七刻(一刻合14~15分钟),以"击钲三百声"闭市。钲是古代的一种乐器,用铜做的,形似钟而狭长,有长柄可执,口向上以物击之而鸣,在例行公务时敲打。

这说明唐代政府对"市"有一套专门的管理制度,尽管有些规定存在不足之处,比如,根据城市的行政级别不同而设定"市"的级别,并安排相应级别的官员负责管理,强行规定物品的价格和交易时间,在此期间如果有人用假货交易,由公家没收。这类似于消费者协会的工作,是对买卖双方采取行政手段干预。除此之外,政府规定"诸非州县之所,不得置市",忽略了各地经济发展的现实情况和消费者的实际需要,唐后期草市的大量出现充分证明了这一点。但是这一整套城市管理制度和相关规定仍旧具有众多合理之处。

首先,将商品分门别类设立专门的行,既便于市场管理又有利于市场交易。史料记载,长安东市"市内货财二百二十行,四面立邸,四方珍奇,皆所积集"。不仅长安等大都市,即便地方州县内亦有米行、绢行、铁行等各行的划分,"行"就是同类货物售卖专区。西市是唐代西京长安和东都洛阳四个主要市场中最繁华的商贸区,市场内店铺兴旺繁多。有的门面称"肆",如衣肆、帛肆、酒肆、鱼肆、药肆等;有的门面称"店",如窦家店、油靛店、王家店、食店等;有的门面称"铺",如饭铺、寄附铺、偏铺等;有的门面称"行"。但在实际经济生活中,工商业经营者在设计店铺名称时随意性比较大,不一定有大小等次之别,上述四大类西市店铺的称谓很难按规模、财力大小对其依次排列。但要注意的是,唐代已出现了工商业者行会组织。

其次,加强对度量器物的管理,有利于维护交易秩序和消费者合法权益。《唐律疏议》规定:"凡官私斗、秤、度尺,每年八月诣寺校印署,无或差谬,然后听用之。"

再次,加强质量管理和禁止非法牟利,有助于维护交易秩序。《唐律疏议》记载:"诸造器用之物及绢布之属,有行滥、短狭而卖者,各杖六十;得利计赃重者,计利准盗窃论。贩卖者,亦如之。"另外,还有对市门的修缮和禁止在市中聚众扰乱等规定,唐政府对长安城市场特别是东、西两市实行严格的定时贸易与夜禁制度。两市的大门,亦实行早晚随唐长安城城门、街门和坊门共同启闭的制度,并设有门吏专管。这些制度都有利于维护良好的市场环境。

3. 西市的商业繁荣

西市是大唐乃至当时世界上最繁华的都市经济区,是唐代高度繁荣的物质文明窗口,也是东西方文化交流的舞台。西市是人气、财气、运气、福气等方面最为兴旺发达的贸易商业区,因而获得了"金市"的美名。

(1)西市是展示大唐物质文明的窗口。

西市工商店铺鳞次栉比,集中展示了大唐繁华的物质文明。其商业店铺的密集繁华度举世罕有。

首先,唐都长安大型仓储类商行多集中在西市。

西市的服装类行、肆、店、铺,为百万人口的长安大都市供应绵绣彩绢布鞋帽,装点着都市各阶层人群的生活,其货物贸易量和钱币流通量是相当惊人的。

西市不仅是为饮食服务业供应面粉、美酒、肉食、蔬菜等原料的大型批发市场,还是各类工商业店铺的集中地。西市药店、药行在国都享有很高的信誉度。如从酒店到药店、从食店到粮店,将长安都市人日常生活紧密地与市场联系起来,显示了西市在长安人日常生活中的重要地位。

唐人出行主要靠马、驴,西市就有相应的"口马行",专门买卖马、驴等牲畜。与"口马行"相联系,西市还有为骑乘出行者提供鞍辔等骑乘工具的"鞦辔行"。据《太平广记》记载,走进西市,完全可以满足一个旅行者所需要的一切代步工具与相关设施。西市还有葬礼用品。据《李娃传》记载,长安东、西市各有"凶肆"。由此看来,一个人从生到死的所有生活用品与生产用品,都可在西市买到,西市确实是展示大唐物质文明的窗口。

其次,西市还是当时的国际金融中心。

西市的银行是大唐乃至当时世界上货币流通量最大的都市经济区,是名副其实的"金市"。西市有专为商人存放钱币的柜坊。柜坊类似于后来的钱庄和银行,不同之处在于在柜坊存钱的人不仅没有利息,还要支付存放费。西市有专门出售穿钱用的绳索"钱贯"。正是由于有为富商巨贾存钱、取钱、贸易、交换等货币流通的一条龙服务,西市才拥有了"金市"的称号与地位,才吸引到了更多的商业要素。

再次,西市也是长安高档酒业和酒家饭店的密集区。

唐代节日很多,每年的元日(包括除夕)、元宵节、正月晦日、上巳日、寒食清明节、端午节、中秋节到重阳节,当然还有其他节日如社日、腊日等,都是上至皇室、达官贵人,下至读书人、老百姓喝酒庆贺的时间。这种节日狂欢的胜景从唐人的诗中可以看到。唐人喜欢饮酒。农家也是喝酒成风:"畴昔通家好,相知无间然。续明催画烛,守岁接长筵。旧曲梅花唱,新正柏酒传。客行随处乐,不见度年年。"[1]直到中唐,白居易还在感叹:"衰翁岁除夜,对酒思悠然。……醉依香枕坐,慵傍暖炉眠。……"[2]韩愈更是在中秋之夜发出疑问:"一年明月今宵多,人生由命非由他,有酒不饮奈明何?"[3]

唐长安的大型酒楼食店也多集中在西市。长安的达官显贵、官府衙门、新科进士等经常举办大型宴会招待客人,西市的酒楼饭店有的专营此项业务。唐德宗时京兆尹吴凑就曾对长安东、西两市酒楼随时接待三五百人大型宴会的接待能力赞不绝口。《唐国史补》卷中记载:"德宗非时召吴凑为京兆尹,便令赴上,凑疾驱诸客至府,已列筵毕。或问曰:何速?吏对曰:两市日有礼席,举铛釜而取之,故三五百人之馔,常可立办也。"[4]说明西市酒楼不仅具备大型接待能力,而且具有为客人提供大型宴席上门服务的能力。

西市酒楼食店较多,著名者有"食店张家楼",大型酒楼很豪华。韦应物《酒肆行》:"豪家沽酒长安陌,一旦起楼高百尺。碧疏玲珑含春风,银题彩帜邀上客。"李白就是酒肆的常客,杜甫《饮中八仙歌》曰:"李白一斗诗百篇,长安市上酒家眠。"

---

[1] 孟浩然:《岁除夜会乐城张少府宅》,《全唐诗》卷一六〇。
[2] 白居易:《岁除夜对酒》,《全唐诗》卷四五六。
[3] 韩愈:《八月十五夜赠张功曹》,《全唐诗》卷三三八。
[4] 〔唐〕李肇撰,曹中孚点校《唐国史补》卷中,《唐五代笔记小说大观》,上海:上海古籍出版社,2000,第177页。

唐人喝酒名目多。喝酒的地方大多在西市。与老朋友相聚表达喜悦之情或者表达个人感受，都要喝酒，甚至要到酒店请客。这种欢迎朋友的酒宴称为"接风酒"。如白居易和老朋友相聚，不惜酒钱，"更待菊黄家酝熟，共君一醉一陶然"①。朋友在一起，要喝酒，分手了也要喝酒送别。送人的酒宴称为"饯行酒"，也称为"祖饯酒"，盛唐盛行。从王维"下马饮君酒，问君何所之""渭城朝雨浥轻尘，客舍青青杨柳春。劝君更尽一杯酒，西出阳关无故人"②，到李白"斗酒渭城边，垆头醉不眠""看花饮美酒"③，无不彰显盛唐酒风盛行。有时无朋独饮，一个人时，心情不太好了，官场失意、寓居他乡都会借酒浇愁。大诗人李白、杜甫等都曾留下很多抒发个人内心苦闷的饮酒诗句。"花间一壶酒，独酌无相亲；举杯邀明月，对影成三人。月既不解饮，影徒随我身；暂伴月将影，行乐须及春。我歌月徘徊，我舞影零乱。醒时同交欢，醉后各分散。永结无情游，相期邈云汉。"④

酒家胡。胡人酒家是西市一景。诗人李白多次写诗赞美胡姬："琴奏龙门之绿桐，玉壶美酒清若空。催弦拂柱与君饮，看朱成碧颜始红。胡姬貌如花，当垆笑春风。笑春风，舞罗衣，君今不醉将安归！"⑤"五陵年少金市东，银鞍白马度春风；落花踏尽游何处，笑入胡姬酒肆中。"⑥可以看出，李白是经常光顾胡人酒店的。贺知章、张若虚、包融还专门在胡人酒家请同乡贺朝吃饭，为此贺朝还写过一首题为《赠酒店胡姬》的诗。诗云："胡姬春酒店，弦管夜锵锵，红毯铺新月，貂裘坐薄霜。玉盘初鲙鲤，金鼎正烹羊。上客无劳散，听歌《乐世》娘。"⑦而且，我们能从贺朝的诗中看到这家胡人的酒店装修相当豪华、气派、上档次，菜肴也非常考究，而且客人饮酒时有

---

① 白居易：《与梦得沽酒闲饮，且约后期》，《全唐诗》卷四五七。
② 王维：《送别》，《全唐诗》卷一二五；《渭城曲·送元二使安西》，《全唐诗》卷一二八。
③ 李白：《送别·饯校书叔云》，《全唐诗》卷一七七。
④ 李白：《月下独酌》，《全唐诗》卷一八二。
⑤ 李白：《前有一樽酒行二首》之二，《李白集校注》，1980，第25页。
⑥ 李白：《少年行二首》之二，《李白集校注》，1980。
⑦ 贺朝：《赠酒店胡姬》，《全唐诗》卷一一七。

音乐相伴,加上有精彩的来自西域或有胡人血统的胡姬的歌舞表演,这家酒店在长安的上座率就不言而喻了。何况所表演的《乐世》,也具有西域风情呢。但是一般人是不来的,尤其是无钱之人,有斗酒学士之称的诗人王绩,嗜酒如命,在其《过酒家五首》中就曾吟道:"有客须教饮,无钱可别沽。来时长道贳,惭愧酒家胡。"①这说明,装修豪华的胡人酒家靠的是高质量的服务,所以还是"星级酒店"呢。

另外,西市还出现了邸店和出租店铺客栈的行当。

大商人窦义用3万钱买地建房20间做邸店。邸店是专供客商存货、交易、居住的地方,在西市大有用途,于是客商纷纷赶来,窦义为此每天获利数千钱,也就是十来天就收回全部投资。东市的大商人王布立刻仿效,在东市也获取了暴利。王公贵族见窦义、王布迅速积累起财富,也跟着开邸店,唐玄宗禁止不住,到了唐宣宗时干脆下令,王公贵族开邸店一样须向政府纳税。

4. 西市商家的经营文化:广告

唐代不仅商贸活动繁荣,更令后世称奇的是,它还有比较成熟的市场营销体系和模式可供现代商业社会学习借鉴,其中包括令人目不暇给的各类广告形式。

唐代酿酒业十分发展,喝酒之风盛行,两市中的酒旗广告更是数不胜数,如"酒幔高楼一百家,宫前杨柳寺前花"②,说明众多酒家悬挂酒幔作为行业标志。唐代诗人韦应物在《酒肆行》中写道:"豪家沽酒长安陌,一旦起楼高百尺。碧疏玲珑含春风,银题彩帜邀上客。"③可知在长安的酒肆都采用酒旗做广告,广告旗幌色彩格外鲜明,而且注意营造一个高档、豪华的消费环境,可见商家在激烈的商业竞争中也是用尽了心思。

---

① 郭茂倩:《乐府诗集》卷八"乐世""急乐世"题解及所引白居易诗。
② 王建:《宫前早春》,《全唐诗》卷三〇一。
③ 韦应物:《酒肆行》,《全唐诗》卷一九四。

表演广告可能最早产生于隋唐时期，这与胡人迁居京城经商有关。胡人来长安经商开店，其在酒肆经营中为了招揽顾客，采用的广告手法就是"胡姬当垆""胡姬劝酒""胡姬歌舞"。这些胡姬来自西亚，在西市乃至曲江池一带的酒肆中充当歌女、舞女，以其出色的歌舞表演和香艳的异域情调，吸引顾客尤其是一些当时的达官贵人及文人前来就餐，广告效果十分明显。唐代文人学士在唐代酒风吹拂下，更加嗜酒如命，纵酒酣歌，放荡不羁。

在中古时代的唐朝，城市规模之完善巨大，城市管理之井然有序，城市商铺之密集庞杂，行业商品之分类具细，商业广告之异彩纷呈，都已成为今日商业活动的古代蓝本，具有极强的现实性和极大的借鉴意义。

开放与创造是唐代长安城的主旋律，正是在这样一种彼此竞争又相互依存的气氛中，长安有了自我超越的机遇，在吸收各方优秀文化因素的基础上，走到了世界前列。城市自身的多元性、开放性和包容性，吸引了来自西域各国的胡商和胡客。接下来我们的第三章是，丝路商旅汇西市。

第三章 丝路商旅汇西市

唐代疆域辽阔,气魄恢宏,文化昌盛,声威远播,"水陆通联,江海并举"。有诗云:"忆昔开元全盛日,小邑犹藏万家室。"水路交通线覆盖全国,通达四邻,为大唐帝国空前规模的人员来往、物资交流提供了坚实基础。

在唐朝统治的万花筒般的三个世纪中,几乎亚洲的每个国家都有人曾接近或踏入过唐朝的国土。世界各国国君、使臣、客商、僧侣、学生、工匠、医生、胡姬纷至沓来。这些人怀着不同目的来到唐朝:有的出于猎奇,有些胸怀野心,有些为了经商谋利,有的是为了寻求知识,有些则是迫不得已。在前来唐朝的外国人中,最主要的还是使臣、僧侣和商人,分别代表了当时亚洲各国在政治、宗教、商业方面对唐朝浓厚的兴趣。

8世纪,唐朝人文荟萃,奇货云集,当时的大唐西市是国际贸易集散地、中西文化的交汇地,呈现出国际化商业中心的奇异景象。正如诗人张籍所吟咏的,"无数铃声遥过碛,应驮白练到安西"。突厥王子仔细揣摩着来自阿曼的珠宝商的神情举止,日本的参拜者以惊奇的目光凝视着粟特商队的商人。

一方面,中国的物产丝绸、茶叶、瓷器等输往中亚和欧洲;另一方面,大批胡商带来葡萄美酒夜光杯一般缤纷诱人的物产,为大唐传统的乡土社会注入了流荡不息的波光云影,使得乡土社会显示出勃勃生机。

在大唐如日中天的商贸天空上,还萦绕着令人惊羡的驼铃马蹄声,那就是迤逦驰入大唐的西域胡人商队。

第一节 西市胡的商贾轶事

1. 西市胡和京城坊市诸胡

我们说,西市是"丝绸之路"的起点,这里,中西亚胡人云集。早在唐初贞观年间,长安西市就成为西域胡商的主要聚集地。

《大唐新语》卷二十记载:"贞观中,金城坊有人家为胡所劫者,久捕贼不获。时杨纂为雍州长史,判勘京城坊市诸胡,尽禁推问。司法参军尹伊异判之曰:贼出万端,诈伪非一。亦有胡着汉帽,汉着胡帽,亦须汉里兼求,不得胡中直觅。请追禁西市胡,余请不问。"[①]后来果然抓到劫贼,这说明在长安众多的西域胡人中,"西市胡"最具代表性。他们云集西市,成为丝绸之路商贸大道上的主力军。

从上文可知,"京城坊市诸胡"和"西市胡"意思不同。"市"指西市,"坊"指西市周边居住有胡人的诸坊。值得注意的是,"西市胡"应该是胡商在西市的存在达到相当数量或具备了相当实力后才有可能产生的名词,也就是说,长安的胡商很难与西市脱了干系。

长安西市与西域胡商之间在整个唐代都有着某种不解之缘。作为城市商业中心的西市,是胡商在长安经营治生的主要场所,而西市周边诸坊因为近水楼台的关系,也逐渐发展成一个以西市为中心的胡人聚居圈。

有学者考证指出:从生活在西市周边的胡人基本都是粟特胡人来看,在西市中活动的胡商应该多为粟特胡商。不过,西市中并不只有粟特胡商

---

① 《大唐新语·卷二十·从善》。

一种外族商人,还有来自波斯、大食的商人,因此"西市胡商"并不是粟特胡商的特别标签,而是一个集合名词。① 阿拉伯文著作《中国印度闻见记》中,有阿拉伯商人对唐朝京城胡姆丹(长安)西街的描述:"在大街左边的西区,住着庶民和商人,这里有货栈和商店。每当清晨,人们可以看见,皇室的总管和奴婢、宫廷的仆役,将军的仆役,以及其他当差的人,或骑马,或步行,鱼贯似的来到这个既有市场又有商店的街区,采购主人需要的东西。"② 这种非常准确的描述,一定是阿拉伯商人亲临其境后的观察结果。

2."西市胡"分为"胡客"与"胡商"

胡客主要是滞留在大唐的外国使者、留学生等,盛唐时期,人数进一步增加。《资治通鉴·德宗贞元三年》:"自天宝以来,安西、北庭奏事及西域使人在长安者,归路既绝,人马皆仰给于鸿胪,礼宾委府、县供之,于度支受直。度支不时付直,长安市肆不胜其弊。"到唐德宗时期,西市胡人的数量已相当可观。"李泌知胡客留长安久者,或四十余年,皆有妻子,买田宅,举质取利,安居不欲归,命检括胡客有田宅者停其给。凡得四千人,将停其给。胡客皆诣政府诉之,泌曰:'此皆从来宰相之过,岂有外国朝贡使者留京师数十年不听归乎?今当假道于回纥,或自海道各遣归国。有不愿归,当于鸿胪自陈,授以职位,给俸禄为唐臣。人生当乘寸展用,岂可终身客死邪?'于是胡客无一人愿归者,泌皆分隶神策两军,王子、使者为散兵马使或押牙,余皆为卒,禁旅亦壮。鸿胪所给胡客才十余人,岁省度支钱五十万缗,市人皆喜。"③(解释,外办财政支出减轻,纳税人的钱也不白花了。)上述两则史料清楚地说明,长安西市等地集聚的"胡客"仅属于未归国的朝贡使者等就有四五千人以上,其中有田宅者多达四千人,若加上其妻子儿女,估计西市胡客至少在 15 000 人以上。

---

① 杨洁:《粟特胡商——东方的犹太人》,《国家人文历史》2014 年第 13 期。
② 《中国印度见闻录》,穆根来、汶江、黄倬汉译,中华书局,1983,第 107 页。
③ 《资治通鉴·唐纪四十八》。

3."胡商"与"胡客"的不同经营方式

胡客主要依靠高利贷牟利,如代宗时期的西域"九姓胡"的生存之道就是"殖货纵暴",而德宗时期胡客则为"举质取利"。胡三省注曰:"举者,举贷以取倍称之利世。质者,以物质钱,计月而取其利也。"由于胡客多是西域、中亚西亚、波斯等国的贵族,腰缠万贯,集中居住在西市周围,并在西市举质取利,从而更导致西市有条件成为"金市"。

胡商主要是来自西域、中亚西亚、波斯、印度等地的商人。西域商人中,康、安、曹、石、米、何、火寻、戊地、史等"昭武九姓"胡人占很大比例。代宗之世,九姓胡常冒回纥之名,杂居京师,殖货纵暴,与回纥共为公私之患。因此,在代宗大历十四年(779年),"诏回纥诸胡在京师者,各服其服,无得效华人。先是回纥留京师者常千人,商胡伪服而杂居者又倍之,县官日给饔饩,殖资产,开第舍,市肆美利皆归之"①。

因长安城中的权贵子弟向胡商借贷不能偿还,朝廷为了尊严而禁止借胡商钱物。穆宗长庆二年(822年)六月,右龙武将军李甚之子因贷回鹘钱一万一千贯不偿,为回鹘所诉,李甚遂被贬为宣州别驾。随即有诏禁与胡商钱物交关,"自今以后,应诸色人宜除准敕互市外,并不得东辄与蕃客钱物交关"②。

以上证明,长安西市的胡客与胡商大多以经营高利贷为生,他们是西市流通货币的主要操纵者。即使是大唐的官宦子弟也多向他们举钱,久贷不还者也大有人在,进而影响了市场秩序和唐蕃关系,所以朝廷才禁止借贷胡人钱物。(胡商、胡客都是一些"土豪"。)

4.西市周边胡人聚居区。

有研究者考证指出,胡人聚居在西市周边,并不意味着这些胡人就一

---

① 《资治通鉴·唐纪四十一》。
② 董诰等:《全唐文》,上海古籍出版社,1995,第329页。

定都是商人。街西胡人住户列表所反映出的信息就明确地提醒我们,西市周边同样也是从唐初以来直至唐末入仕唐朝廷的胡人的聚居区。对于这类身份的胡人来说,我们也不能完全忽视西市对于他们的吸引力,不过西市对于他们的意义肯定和对于胡商不同。他们和粟特胡商一起居住在西市周边,与其说是西市对于他们的吸引力,不如说是街西业已形成的胡人聚居区对于他们的吸引力。

比如贞观年间由突厥归唐的安菩,并非商人,而是入仕唐廷的一介武夫,宅第也是安置在西市附近的金城坊,就很能说明问题。从某种角度来说,入仕唐朝廷的胡人在街西胡人聚居区的存在,更加丰富了街西胡人聚居区的内涵,不仅吸引了更多的胡商进入其间,还吸引了其他身份的胡人进入这一聚居区内。又如住在醴泉坊的米继芬一家,他们最初来华是因为继芬父突骑施"远慕皇化,来于王庭,邀质京师,永通国好"。据考证,米继芬入质当在武后至玄宗时。米继芬父亲是以质子身份入仕唐廷,继芬本人也是承袭质子,隶身禁军。米继芬长子国进,任右神威军散将、宁远将军、守京兆府崇仁府折冲都尉同正,也是入仕唐廷;幼子僧惠圆,住大秦寺。总之,一家三代都无人经商,那么,他们之所以选择醴泉坊居住,可能并不是考虑到这里紧邻西市便于商业经营,不过是因为这里处于外来胡人聚居区范围,而且醴泉坊里恰好还有一座祆祠,方便他们的祭祀活动。

街西的胡人聚居区虽然是以西市为中心,但是它并不只是一个粟特胡商聚居区,而是一个包容广泛的胡人聚居区,其边界松散模糊,居民身份复杂多样。

除粟特胡人、突厥人之外,街西的胡人聚居区内还有于阗、回鹘等少数民族。如居德坊有来自于阗的尉迟乐一家三代的宅第,群贤坊则有瀚海都督、右领军卫大将军、经略军使回纥琼宅。从时间上来看,突厥、回鹘、于阗等其他少数民族进入长安都晚于粟特胡人,因此,这些少数民族的加入,不仅丰富了街西粟特胡人聚居区的内涵,使得长安街西成为一个外来少数民族聚居区,而且由于这一聚居区内同时还有大量的汉人住户,长安城街西地区逐渐变成了一个多民族杂居的区域,也因此出现了唐人所称的"胡着汉帽,汉着胡帽"现象,不同民族之间文化互相影响。这一大背景是我们讨论街西粟特胡人聚居区应该清楚的一点。

在此,有必要说明的是,尽管正史所载的有关唐代前期在西市活动的胡商的材料非常少,但从出土墓志及文书所反映的信息来看,唐代前期活跃在西市的胡商主要还是粟特胡商,而非波斯胡商。

在促成西市变"金市"的诸多因素中,"西市胡"的出现似乎在暗示我们,聚集在西市的粟特胡商在其中起到了非常重要的作用。我们可以通过几个居住在西市周边坊里的粟特胡人来考察这一问题。

第二节 粟特商人名噪西市

1. 粟特商人聚居西市

长安因为其帝国之都的特殊地位,吸引着众多的西域贾客前来贩易,将此地变成了胡商在华的贸易大本营。西市,虽然只是长安城内的一个市场,但是因为有活跃在丝绸之路沿线各个商贸重镇的粟特胡商的积极参与,西市的触角也因之延伸得既长且广。这些胡商在为自己创造着财富的同时也为西市带来了活力,胡商这一外来因子的强力注入,大大提升了西市的繁盛程度和知名度。

社会学研究学者指出,移民聚居区基本上有两种类型:一类是国际移民形成的,另一类是国内移民社区。长安的粟特胡人聚居区即属于前一种类型——国际移民聚居区,形成的原因主要是移民和流入地社会之间文化的隔阂。

关于唐代长安的粟特胡人聚居区,前人已有不少讨论。有学者指出,自汉魏以来,长安一直是胡人聚集之地,而其中粟特人的东来,以唐朝时为最盛。入唐以后,长安成为粟特人集中的地方,也是粟特来华使臣、质子及随突厥投降的部落首领、子弟定居之地,加上前来传播祆教、佛教、景教、摩尼教的僧徒信士,长安成为粟特人在华最重要的聚集地之一。

粟特人主要居住在两市附近,特别是西市周边诸坊。围绕两市,分别形成了以西市为中心的街西胡人聚居区和以东市为中心的街东胡人聚居区。

说到长安街西的粟特胡商,不能不提敦煌文书中的一则材料。《唐(七世纪后半)判集》残卷有这样一段判文:

> 长安县人史婆陁,家兴贩,资财巨富,身有勋官骁骑尉,其园池屋宇、衣服器玩、家僮侍妾比侯王。有亲弟颉利,久已别居,家贫壁立,兄亦不分给。有邻人康莫鼻,借衣不得,告言违法式事。五服既陈,用别尊卑之叙;九章攸显,爰建上下之仪。婆陁阛阓商人,旗亭贾竖,族望卑贱,门地寒微。侮慢朝章,纵斯奢僭。遂使金玉磊砢,无惭梁、霍之家;绮縠缤纷,有逾田、窦之室。梅梁桂栋,架向浮空;绣栭雕楹,光霞烂目。歌姬舞女,纤罗袂以惊风;骑士游童,转金鞍而照日。①

虽然此则材料只是一段判文,并非真人实事,但其所反映的粟特胡人的生活状况是真实可信的,因此,常常被作为生活在长安的粟特胡人的典型材料频频引用。该判文出现的时代是在 7 世纪后期,虽然其中没有写明史婆陁兄弟和邻人康莫鼻住于何坊,但文中称婆陁为"长安县人",由此推断,他们是住在街西。因为长安城内南北向的轴心大街朱雀大街把长安城中分为二,街东属万年县,街西属长安县。判文讲史婆陁是以兴贩为业,又说其为"阛阓商人,旗亭贾竖",说明其身份是坐贾而非客商,属"有市籍者"。史婆陁生活在街西,又身为商贾,那么,他一定和安令节等粟特胡人一样,是依托着西市才成为富埒王侯的粟特巨贾。而其居第,应该和安令节等人一样,也是在西市周边坊里。

---

① 刘俊文:《敦煌吐鲁番唐代法制文书考释》,中华书局,1989,第 444-445 页。

婆陁这一形象或许就是当时生活在西市周边某一坊里的某位粟特胡商的真实写照。

祆教是入华粟特胡人的主要宗教信仰,祆祠是胡人举行宗教活动的场所,因此,从长安街西的四座祆祠我们即可推知,街西生活有为数不少的粟特胡人,他们形成了一个大型的胡人聚居区。不过,在这一胡人聚居区的范围之内,并不只有祆祠一种夷教建筑,还有景教的波斯胡寺(大秦寺)。长安城内还有摩尼教寺院,但具体位置至今不明。但景教将自己的宗教建筑皆置于街西的做法,已经向我们昭示这样的事实:长安的街西的确是一个包容广泛的胡人聚居区,这一聚居区内的胡人住户的信仰是丰富多样的。

2. 粟特商人经安史之乱

街西的胡人聚居区虽然存在了很长时间,但并非一成不变。粟特胡人发动的"安史之乱"对于生活在唐代社会的粟特胡人产生了相当程度的影响,我们可以看到有不少胡人改姓、改郡望以遮掩其粟特胡人出身现象的存在。说明这种影响具有普遍性,涵盖了粟特胡人的各个阶层。不过,因为不同身份、不同地区的胡人与唐代社会的关系不同,影响也就大小不一。对于生活在天子脚下的长安胡人而言,自然会首先受到影响。

"安史之乱"对于从事东西贸易沟通的西域胡商而言,更为致命的打击在于,叛乱爆发后,河西陷入吐蕃手中,唐朝与西域联系的传统丝路也随之断绝,使得粟特胡商不能通过正常渠道进入长安,幸好粟特胡人很快就与对大唐有靖难之功的漠北回鹘汗国建立起密切联系。这一利益联盟的建立,虽然在一定程度上便利了胡商的利益获得,但有利必有弊,这层关系更加破坏了九姓胡商在唐人眼中曾经的形象,从而进一步影响到胡商在长安的生存和发展。此前,唐人眼里的粟特胡商,虽然也有史婆陁那样不顾亲情的负面形象,但总体说来,唐人对于胡商并无太多不满和否定,不过此后就不同了。

西市还是原来的西市,西市里的粟特胡商却已是今非昔比。倚仗着回鹘势力,粟特胡商在西市的发展可谓盛极一时,不仅可以继续在长安城内生活经商,并且还能享受到种种优待——"殖资产,开第舍,市肆美利皆归之。日纵贪横,吏不敢问"。这种在后人眼中飞扬跋扈、与回鹘人狼狈为奸"共为公私之患"的胡商形象,到底是反映了历史的真实,还是由史书撰写者将对回鹘和粟特胡人的气统统撒在了胡人身上所致,我们尚无法完全辨明。从现代社会来看,一般情况下,外来移民一旦在经济上超出当地居民太多,就很容易招致敌意乃至暴力。比如,近些年来,温州鞋在俄罗斯、美国等地的被亮"红灯",在西班牙遭焚,以及海外的中国商城遭受停业搜查等事件,都说明了这一点。这些事件背后的深层原因主要还是在于文化上的差异导致华人未能很好地融入当地社会,但其直接导火索则是双方经济利益的严重冲突,外来移民在市场竞争中压倒当地居民,导致当地居民对外来移民心生怨恨。由此引发对外来移民普遍较低的社会评价,连带将一些社会问题归咎之,严重时则升级为暴力事件。这也提醒我们,考察"安史之乱"唐人对于粟特胡商的态度时,除了从政治方面去考虑,也要深掘其背后的经济原因。职是之故,此处对于粟特胡商的描述即便有主观夸大的成分,当也不致偏离事实太多,与回鹘人联手出现在长安的粟特胡商的行为,很可能对唐人的经济利益造成了相当程度的损害。其实,唐与回鹘间不等价的绢马交易,可能就是粟特胡商从中操办的,所以才会激起唐人对于他们更多的不满和怨愤,使得胡商在唐人眼里的形象愈加负面化,同时也让他们本来已经恶劣的生存空间益愈狭迫。虽然没有一个具体的例证可以让我们考察"安史之乱"后长安普通粟特胡商的生存境遇,但是我们或许能从胡人米亮身上看出一些端倪。

3. 粟特商人际遇的变迁

《太平广记》所引《乾馔子》里窦乂和米亮的故事,讲的是8世纪末9世纪初的事。窦乂不求回报地资助境况窘迫的胡人米亮七年,米亮知恩图报,力劝窦乂买下崇贤里一所小宅,因为他工于览玉,知道此宅内有一块为他人所不识的于阗玉捣衣砧。窦乂听从其言,遂获利数十万贯,资财大增,将此宅予以回馈米亮。在这则故事中作者特别点出米亮的胡人身份,讲他虽然有很好的鉴识玉器的能力,却无法保证自身生计,常常会陷于饥寒交迫的悲惨境地。在唐人眼里,胡商一般都是富甲天下,资本实力雄厚,既有鉴宝、识宝的能力,也有出手阔绰、一掷千金的豪气与潇洒。可是米亮却不是这样,虽然明知崇贤里小宅内有价值连城的异石,但自己并无资本将其买下,只有最后顺水推舟将其拱手相让给窦义。米亮在未遇见窦义之前的落魄形象,很可能就是"安史之乱"后一些长安胡商生存境遇艰难的真实体现。他们在"安史之乱"之后,由于生存空间受限,经济实力也在一定程度上遭受重创。从代宗大历之初到840年回鹘汗国最终灭亡,这中间七八十年的时间里,甚至到唐末,长安的粟特胡商可以分成两类:一类是随回鹘而来的,他们在回鹘人的庇护下生存,与摩尼僧勾结在一起,扰乱西市正常的商业贸易,欺诈百姓;另一类是原本在长安生活的粟特胡商,他们本来就受到"安史之乱"后排斥胡人的社会思潮影响,处境比较艰难,而从回鹘来的粟特胡商给唐人的坏印象,也影响到他们的生计甚至生活,使他们的生存空间日益狭促。

第三节 汉商富而知仁义

西市里诸多西域胡商的到来,使得这里不仅成为外来胡人商客的麇集之地,也像磁石一样吸引着长安城内的汉族商贾来此经营。

1. 邹凤炽富迁西市

东临西市的怀德坊,高宗时住有长安鼎鼎有名的富商邹凤炽。邹凤炽虽然是一个汉族商人,但是他的故事却是我们认识西市的一件好材料。《两京新记》卷三《怀德坊》对邹凤炽之富足有详尽的描述。"凤炽肩高背曲,有似骆驼,时人号为邹骆驼。其家巨富,金玉资货,不可胜计。""又尝竭(谒)见高祖,请市终南山山中(树),每树□(估)绢一匹,自云'山树虽尽,而臣绢未竭'。事虽不行,终为贵贱之所惊。后犯事流爪(瓜)州,会赦还。及卒后,子渐以穷匮。"①

---

① 〔唐〕韦述撰,辛德勇辑校《两京新记辑校》卷三《怀德坊》,三秦出版社,2006,第63页。

《太平广记》中的一条史料则为我们细述了邹凤炽之发迹史:"邹骆驼,长安人。先贫,尝以小车推蒸饼卖之。每胜业坊角有伏砖,车触之即翻,尘土浼其饼。驼苦之,乃将去十余砖,下有瓷甖,容五斛许,开看,有金数斗,于是巨富。"①材料中未写明邹氏发迹之前家居何坊,不过其中提到他每每推车鬻饼都要经行胜业坊,该坊南临东市,由此看来,其住家和经营的范围应该就在街东东市一带。值得注意的是,在他幸运地一夜暴富之后,竟然搬迁到了西市旁边的怀德坊,安家于该坊南门之东。朱玉麒先生敏锐地看出邹凤炽宅第前后变迁背后的含义:"在城东发迹的小本经营者邹凤炽,因为得到了巨大的本金而移居街西,在胡商聚居的西市得以变本加厉地发达起来。"他还指出,"邹骆驼由东市移居西市附近之坊,可见其经营头脑,而怀德坊之东南角,海拔 410 米之等高线经过,为该坊乃至整个城西较为高爽的宝地,由此亦足见邹凤炽之富裕。"②此据其在北京大学历史系荣新江先生主持的"两京新记读书班"上关于"怀德坊"的报告。

欲以绢买南山树之事不仅足可窥见其富甲天下,也可由此推知,小生意人出身的邹凤炽在意外地拥有雄厚的资本之后,并未大肆挥霍,坐吃山空,而是将其转化为可以创造出更多价值的商业资本,最终成为高宗时名闻天下的长安富商。他的那些遍布海内的家产应该都是他在搬至怀德坊之后兴治营生的成果。对于一个推车鬻饼、勉强维持生计的小商贩邹凤炽来说,经营活动区域的选择虽然也有一定的要求,但并不是特别强烈,无论是在街东还是街西,其收益不会有太大差别。但对一个已经拥有了雄厚资本,又在财富追求上野心勃勃,且意与皇帝一比高下的巨商邹凤炽来说,选择一个合适的经营、居住场所则显得颇为重要。商贾云集、繁盛无比的西市,应该比东市更容易让商人邹凤炽实现自己的理想。从街东到街西,从东市周边到西市周边,从鬻饼小商到名扬天下的长安巨贾,邹凤炽在长安城内活动空间的弃东就西,与其说反映了

---

① 《太平广记·卷第四百·邹骆驼》。
② 朱玉麒:《隋唐文学人物与长安坊里空间》,引自《唐研究》第 9 卷,第 105 页。

他本人在商业经营上的远见卓识,不如说从一个侧面反映了西市作为长安城乃至整个唐朝商业经营活动之中心,对于城内商人,特别是富商巨贾所具有的强大的潜在吸引力。

邹凤炽的这两则居住于西市周边的汉商材料,其年代都在唐代前期高宗时代,也可以说明西市在外来胡商带动下的崛起在此之前已经完成。作为一个广聚天下商人、货物、信息的市场,西市确实是一个很好的商业平台,提供给外来胡商和当地汉商更多的发展空间。而胡汉商贾的积极参与,又进一步繁荣了西市的发展,提升了西市的知名度和吸引力,从而招徕更多的胡汉商人进入其间,共同将西市打造成长安乃至整个唐帝国的一个繁荣的商贸中心。

2. 窦义创业三部曲

西市是创业者梦想成真的宝地。长安西市是许多人淘金梦实现的风水宝地,窦义是其中的代表人之一。据《太平广记》卷第二百四十三记载,窦义是关中扶风人,从13岁开始,他的富翁梦由西市起航,可分为三部曲:第一步由种榆树起家。他将亲戚张敬立给的"安州丝履"多双,"于市鬻之,得钱半千",然后于锻炉作二枝小锸;在五月长安榆荚漂落之时,扫聚得一斛榆荚;从其任宫苑使的伯父那里以习业为名借得庙院一所,晚上住在褒义寺法安上人院,白天则在庙院以二锸开垦空地,种植榆树,辛勤浇灌,夏雨滋润,到了秋天,千余株一尺多高的榆树森然可爱,逐年修剪,将枝条以柴出售,到了第五年,榆树大者可做屋椽,一次出售一千余棵,"得三四万余钱",获得第一桶金。第二步卖"法烛"获大利。他买内乡新麻鞋数百辆,放在庙中;又雇长安诸坊小儿,每人手提一小袋子,在冬天捡拾槐树籽,获得两大车;又让小儿捡破麻鞋,以旧换新,三双旧鞋换一双新鞋,换鞋者云集,几天时间得旧鞋千余双;雇人于宗贤西门水涧冲洗旧麻鞋与碎瓦片,运回庙中用石嘴碓粉碎,又于西市买油靛数石;将槐籽、油靛、粉碎的瓦片、麻鞋集合在一起,"命工人并手团握",制成直径三寸、长三尺的"法烛"万余条,在德宗建中初年六月,长安大雨,连绵不绝,柴草用尽,乃卖法烛,每条百文,"薪功倍,又获无穷之利",从此大富。第三步买地西市,开店殖产，富可敌国。在西市秤行之南以三万元钱的低价买得十余亩坳下积水的湿地，在其周围开设六七个饭铺，专做煎饼与团子，在湿地中央树起一幡子，召小儿掷瓦砾，击中幡标者，以煎饼团子奖赏，"两街小儿竞往，计万万，所掷瓦砾已满池矣"。在此地造店二十间，位置优越，日收利数千，"号为窦家店"。从此，他告别了破庙，成为西市的大亨。致富之后的窦乂在西域胡人米亮的帮助下，在崇贤里买宅获于阗玉；结交太尉李晟，利用这一关系为东、西两市头号大商人谋利，从中收取中介费数万。窦乂由西市的外围走进西市，成为西市的主人。他梦想的实现，每一步都与西市有关，是西市造就了窦乂，实现了他的创业梦。

《太平广记》卷第二百四十三还记载长安富民罗会"以剔粪自业"，这是一般人看不起的下贱活。他以向郊外农民出售粪肥致富，获利之后仍然不惜做脏苦事，显示出他致富秘诀是勤奋。

河东裴明礼从收捡破烂起家，积少成多，进入市场交易，获得家产巨万。后来又在不毛之地让牧羊者居住，羊粪积多后在上面种果树，最后成为巨富，居然因善于经商而得官职，这是对重农抑商传统观念的有力冲击。

3.宋清卖药重仁义

长安城里有一位人人皆知的药商，叫宋清。宋清待人仁厚，药的质量也好，所以远近闻名。宋清收集药材很严格。凡是到他这里来卖药材的都知道宋清的人品好，价格合理，而且对送药材的人十分客气，热情地款待他们，请他们吃饭，远道来的还安排在自己家里休息过夜。所以，采药人都争先恐后到他那里卖药。

宋清的药好，来他这儿买药的人自然就很多。他配的药又从没有出过一点儿差错，人们都很信任他。加上宋清卖药，如果对方一时无钱付账，可以欠账，宋清总是说："治病救人要紧。钱什么时候有，再送来就是了。"人们因此十分赞赏他的人品。有的人家药费拖了一年，仍无钱付账，宋清也从不上门讨账，每到年底，宋清总要烧掉一些还不起钱的欠条。

有人对此颇不理解,说:"宋清这人一定是脑袋有问题,否则,怎么会办那样的傻事?"

宋清却说:"我并不觉得自己傻,我卖药挣钱不过是为了供养家人的生活所需,我现在生活得很好不就行了。卖药 40 多年,我总共烧掉别人的欠据数不清了,这些人并非是为了赖账,有的人后来当了官,发了财,没有欠据,他照样不忘当初,会加倍地送钱来还我的,真正不能还的毕竟是少数。如果像有些商人,对欠账的人不依不饶,怎么会有这么多的买主上门求药?人品是最好的宣传,人们对你信任,才会有事来找你,而不找别人,这是多少钱都买不来的友情。"宋清的确就是以德取信于民,赢得了众人的敬重,他的生意也就随之越做越大,成了有名的富商。

对此,社会上议论颇多。再有人说"无商不奸,无商不黑",人们就用宋清来反驳这个论点。柳宗元就说过这样的话:"如今的朝廷、政界充满了唯利是图的市侩风气,而商人中却有宋清这样的正直人,这真是一个很大的讽刺啊!"

大唐西市星街棋坊的背后,是一条如翡翠般闪亮、缓缓飘向漫漫古道的中国丝绸。它色如云霞而不眩迷,静若熟练而不轻曼,根深流远,参天拔地,古老苍翠,生生不息。它博大内敛,厚德载物,包容谦逊,不事张扬。它就是今日各国商界不得不视为瑰宝的儒家精神之源。当年西市的商贸盛景,四方万丈红尘的商贾云集,就仰仗这样的文化之根、东方之魂。无论对当年定居西市的客商,还是今日来自世界的经商者,这条亘古不断的丝绸都将是连接中国和世界交流的桥梁,是我国经济走向世界,同各国和平经商、共同繁荣的强大根基。

大唐西市是盛世唐朝大气纵横的帝国气象的一个影像,从万邦商旅汇西市的世界商贸云集的盛况,到四夷仰慕流连长安不归的景象,从唐代国有余财,收纳域外客旅数十年并签发绿卡任其终生居住,到以法律限制富家子弟拖欠胡人债务以利汉胡关系稳定,可知当年的唐朝与今天的西方发达国家有着几乎相等的国力和世界地位。但是,尽管唐朝已成为八方来贺的东方商贸中心,但在和域外做生意时仍注意尊重商业规范,这与当今世界上有些大国欠债不还、骄傲霸气的做派形成鲜明的对照,体现了华夏民族自尊、自爱、自强的传统文化底蕴。

总之,大唐是商业繁盛的大唐,也是政治开明的大唐,更是文化高入云霄的大唐。大唐西市吸引的是商客,更有才高八斗的文人墨客。于是,在长安的市井之中少了份粗浅,添了份翰墨清香。都市商贾的豪奢放纵和诗乐舞画的瑰丽轻盈,古道的冒险游侠和文人墨客的风月雅集,形成唐代宽松儒雅的文化氛围和社会环境。时事流转,朝代更替,政治上的威权易逝,金钱上的人情易变,但那仁义为尊、苍生为怀的赤诚,那曾经或动人或有趣的逸事佳话永远刻在了人们心中,成了无法忘却更不能忘却的民族记忆。

遥想大唐,有成千上万的个体阿拉伯商人和中国商人行走在丝绸之路上,代表了历史性的全球重新平衡的早期颤动,这是发生在草根层面的历史颤抖,这些行走的旅人和今天一个阿拉伯商人在义乌的行为,以及一个中国商人在大马士革的活动,是不是有着某种微妙的呼应?如今风起云涌的东西方跨国贸易,是否正在慢慢撬动历史新的平衡?而在当年汉唐的漫漫丝路上,曾经日复一日行走着肩负使命的使臣和僧侣,他们的身影辉映于历史长河中经久不衰。请看接下来的第四章:丝路苍山万里遥。

第四章　丝路苍山万里遥

长安,丝路的起点,停留过自信满满的使臣张骞,投笔从戎的班超,带着汉朝使臣的豪壮,从此一赴绝国,十年无音讯,大漠孤烟、长河落日,目送斜阳几度,马鸣萧萧征尘起。那边,人烟罕至的戈壁残月,僧侣鸠摩罗什、法显、玄奘步伐坚定,磨穿千双草履,颠簸于群峰万壑间,风餐露宿,夕阳古道,在他们身后,是宏大超凡的经文传世,四海宗教的圆满融合。他们是汉唐通向西域的第一缕曙光,是前赴后继的开拓者、视死如归的勇士和探险者。这些流传千年的传奇属于汉使,属于僧侣,更属于那些默默无闻往来的商旅百姓……

第一节　张骞凿空:使臣远赴关山月

西汉以前,中原人对玉门关以西几乎一无所知。当时"南有大汉,北有强胡"[①],大汉最大的威胁便是长城以北的匈奴部族联盟。不过,匈奴西面还有一个强国——月氏,今天宁夏、甘肃、青海一带当时都属于月氏国的疆域。西汉初年,国力虚弱,汉朝君臣对匈奴曲意奉承,但边境依然烽火连绵,战事不断。汉武帝即位后,国家兴隆,可以说很有底气,准备反攻匈奴了。

---

① 《汉书·匈奴传上》。

1. 张骞——丝路之父:"一使胜千军,两出惠万年。"

(1)武帝征募通西使。

有学者说,张骞通西域对于人类历史的贡献,大概只有后来的哥伦布发现新大陆可与之相比。

前面我们说过,雄才大略的汉武帝凭借"天下殷富,财力有余,士马强盛"①的雄厚国力,决意向西挺进,开拓疆域,从根本上解除匈奴对华夏的威胁。所以开辟西域的初始背景是西汉王朝因富裕隆盛而生出的威临四夷的扩疆雄心。这还是属于农业社会的思路,攻城占地,使四夷臣服。

正在此时,武帝得知匈奴的老上单于砍下月氏王的头颅作酒器,双方结下世仇的消息,决定派人通使西域,寻找被匈奴驱逐向西迁的大月氏人,希望他们返回故地,共同夹击包抄匈奴,于是公开征募能担当出使重任的人才。

汉室没有指派使者,而是采取公开征募的办法。这说明什么呢?说明汉朝此举仅是一种试探性的方针,由于汉朝和大月氏过去从来没有过交往,况且谁也不知道月氏现在迁到何方,更不知道旅途中会有多少艰难险阻,因此诸侯王公和文武大臣谁也不敢去冒险。这时,一个小小的郎官却勇敢地出来应征,他就是后来名传千古的丝绸之路的开拓者——张骞。

(2)郎官张骞勇应征。

张骞是我国历史上的一位杰出人物。关于他的事迹,最早见于《史记》。该书的《卫将军骠骑列传》中附有张骞传,在《大宛列传》《李将军列传》《匈奴列传》《西南夷列传》等处也记有张骞事迹。如果说《史记》是用"互见"法,因而张骞附传反倒简略,那么《汉书》中的《张骞传》则比较集中地记载了张骞的生平和事迹。

建元三年,即公元前138年,张骞"以郎应募,使月氏"②。"郎",是皇帝的侍从官,没有固定职务,又随时可能被选授重任。充满野心的年轻的汉武帝,

---

① 《汉书·西域传下》。
② 《汉书·张骞传》。

就这样和一个渴望有所作为、富有探险的勇气魄力和不屈不挠的毅力的年轻郎官,在历史的重要转折点上不谋而合,开启了千古丝路的漫漫远征之途。

张骞,陕西汉中城固人。他是一个意志力极强、办事灵活而又胸怀坦荡、善于待人处事的人。这些品格正堪担历史赋予的强盛的汉室所需要的首开西域的伟业。

(3)被扣匈奴十余载。

公元前138年,张骞接受使命,带着随从甘父(此人原是胡人,被卖给堂邑儿做奴隶,故又称堂邑父),还有随行100多人,从长安起程,经陇西(今甘肃洮南)向西出发。张骞本想悄悄越过匈奴人控制的河西走廊,可刚出玉门关,就被匈奴的骑兵抓获,被带到匈奴单于的面前。单于对张骞的出使暴跳如雷,说:"月氏在吾北,汉何以得往使,吾欲使越,汉肯听我乎?"[①]就这样把张骞扣押起来。不想一扣就扣了十多年。匈奴大概也害怕汉室报复,并不杀张骞,反而采取笼络和软化的策略,为张骞在匈奴娶妻成家,后来还生下儿子,但这些也没有动摇张骞完成使命的决心。在被扣押期间,同伴都散了,身边只剩下甘父,但他仍然珍藏汉朝使节的凭证——一条牦牛尾,心里始终惦记着汉室交给他的使命。他住在匈奴的西境,等候机会。

(4)苦寻月氏终无果。

公元前128年,他趁匈奴人疏忽,终于找到机会带领部下逃离了匈奴。他们向西急行了数十天,西行的路是艰苦的,有走不尽的终年积雪的大山,浩瀚的沙漠。他们一路风餐露宿,经常忍饥挨饿,幸亏甘父有一手好的狩猎技艺,经常打些野味充饥,才维持基本给养。他们终于越过葱岭,到了大宛(今乌兹别克斯坦境内)。

大宛国国王早就听说汉朝富饶,欲通使不得。忽见汉朝使节来,喜出望外。他特意派翻译和向导陪同张骞到达康居(今哈萨克斯坦境内),最后到了大夏(今阿姆河流域)。他们这才找到了大月氏。

---

① 《汉书·张骞传》。

但是不想十多年来,大月氏这个"行国"已发生了很大变化:大月氏在伊犁河畔受到乌孙的攻击,又一次向西远徙,被迫迁到阿姆河畔。自从到了阿姆河,不仅用武力使大夏臣服,还在大夏定居下来。大夏这里土地肥沃,四周没有强敌,于是大月氏由游牧生活改为农耕生活。加上和汉朝距离又太远,因此,大月氏无意返乡寻匈奴人复仇。张骞在大月氏逗留了一年多,没有达到与大月氏联盟的目的。于是又从大月氏来到大夏,考察了一年多,踏上归途。

不料此途多凶险,张骞返途未走原路,而是沿着塔里木盆地南缘进入柴达木盆地,打算绕道羌族地区回到关内。但不幸又被匈奴抓捕,拘禁了一年多。公元前126年,匈奴内乱,张骞乘机脱身回到长安。

(5)张骞凿西初立功。

张骞出使时带着100多人,历经13年后,只剩下他和堂邑父两个人回来。虽然未达到出使前的目标,但是一路上辗转迁移的过程,就是一个民族向其他民族展现诚意、沟通了解的过程,这比自古以来和北方民族间剑拔弩张的敌对关系、杀伐征战的征服策略,显然已经大大地进步了。一个以商业贸易为沟通桥梁,以睦邻友好、共同发展为指针的西域凿通之路正渐渐拓展开来。张骞首行西域,无形中为汉朝开辟通往中亚的交通要道提供了宝贵的资料。

张骞回来以后,向武帝报告了西域的情况。这就是《汉书·西域传》资料的最初来源。这份报告所涉及的国家有大宛、乌孙、康居、奄蔡、大月氏、大夏(今阿富汗北)、安息(今伊朗)、条支(今伊拉克)、身毒(今印度)等,史书称张骞之行为"凿空"西域。

张骞回到汉朝报告了出使的情况和见闻,汉武帝并不认为他无功而返,相反,十分高兴,认为此行大有收获,于是封张骞为太中大夫,赐甘父"奉使君"称号。这说明武帝的任人之贤、知人之明,以及开辟疆域的远见。这时,汉朝也已控制了河西走廊,武帝正积极进行对匈奴最大规模的一次战役。

张骞由于在此次战争中随卫青出征立功,"知水草处,军得以不乏",被武帝封为"博望侯"。"博望侯"后来成为汉朝出使西域的使者的通称。

公元前121年,汉武帝又派出两路大军反击匈奴。一路是骠骑将军霍去病,出陇西,过居延,至祁连山,深入河西走廊,击溃匈奴休屠王部和浑邪王部,获休屠王祭天金人,浑邪王降汉,尽有自河西至罗布泊之地。另一路是张骞、李广,同出右北平(今辽宁凌源),兵分两路夹击匈奴。李广部按期到达目的地,被匈奴右贤王部包围,损失惨重。而张骞所部由于迷路,迟延两天方才到达,虽然解救了李广,但已贻误战机,当处以死刑。由于汉律允许用钱及爵位赎罪,于是张骞用家财、官职和爵位换回了自己的性命,成了一介平民。

(6)张骞二使通西域。

汉匈战争还在继续,张骞时时关注着战事的进展和西域的动向。汉武帝也没有忘记西域和在那里寻找同盟的事。他屡屡召见张骞,向他一再详询西域的情况。张骞又向汉武帝提出了联合乌孙,共同打击匈奴的建议,为汉武帝欣然接受。公元前119年,在卫青、霍去病又一次对匈奴发起大举进攻的同时,汉武帝任命张骞为中郎将,率多名持节副使,随员300余人,每人各两匹坐骑,带牛羊万头,携带丝、帛等各种礼品无数,出使乌孙,游说乌孙王东返联汉抗匈,但此乌孙王嫌汉朝路远没答应。此次,张骞未能达到与乌孙联盟的预期目标,再次说明汉室以往的联盟抗匈的策略再也行不通了。

张骞并不因此止步,他坚持向乌孙王昆莫传达汉室的友好诚意及汉室的富裕,使得乌孙国王愿意与汉建立友好关系。元鼎二年(公元前115年)张骞返汉时,乌孙王派遣亲信大臣为专使,携带几十匹著名的乌孙马为礼物。乌孙使者见汉朝人众富厚,回去报告了乌孙王,这为乌孙和汉朝结亲联盟创造了条件。

张骞在赤谷城期间,通过乌孙的关系派遣副使分赴大宛、康居、月氏、大夏、安息(波斯)、身毒(印度)、奄蔡(在咸海与里海间)、条支(安息属国)、犁轩(附属大秦的埃及亚历山大城)等国进行友好活动。

这些副使受到了各国的热烈欢迎。如安息国王米理斯二世派将军率两万骑兵自都城番兜东行数千里,专程至边境迎接汉使。汉使归国时,安息国王还派使团陪同到长安,并赠汉室鸵鸟蛋等珍奇礼物和一个魔术团。安息等国的使者也不断来长安访问和贸易。其他副使归国,各访问国都派了使者与汉室一道来长安报聘。这时,中国通往西域的大道才真正开通。

元鼎二年,张骞回到汉朝后,拜为大行令,第二年死去。张骞去世后不久,他在乌孙时派往大宛、大夏、身毒等国的副使带着所使国派遣的使者方才先后回到长安。汉武帝的欣喜之情可想而知,可惜张骞没有能够看到这一切。太史令司马迁在《史记》中对张骞给予了充分肯定。他在写到张骞所派使者返回的消息后说:"于是西北国始通于汉矣,然张骞凿空。"①

张骞虽然不在了,但他办事干练、为人宽厚豪爽的名气则一直在西域各国流传,以至于张骞之后凡出使西域的使者,"皆称博望侯","外国由此信之"②。张骞之名,成了汉使通行西域的名片。

著名历史学家司马迁在《史记》中以"凿空"二字精辟形象地概括了张骞出使西域的艰辛。西域关山重重,险隘难通,张骞义不容辞,以一马当先的勇敢无畏,开凿而通,最先建立了汉朝与西域的关系。西域的开通,被历史证明,和平往来建立的国与国的友邻关系,终将战胜战争和野蛮驱逐带来的扩疆霸土。

2. 班超:后汉丝路第一人

汉朝时在西域地区设置了西域都护府,其势力范围几乎包括了中亚全部。然而,西汉逐渐趋于衰退,代之而起的是十几年后兴起的东汉。

在东汉时代,丝路上演了另一段人物传奇,那就是班超、班勇父子威震西域,再次夺回一度被匈奴所占据的西域,重新设置西域都护府。而后,班超以出众的外交和武力手段,使五十多城邦国家归属后汉,终于平定了中亚,使得丝路上的交通与贸易再次趋于繁荣。

班超,字仲升,扶风平陵(今咸阳北)人。幼年时就志向远大,读书甚博,明理善辩。公元62年,同母亲去往洛阳,帮助校书郎的哥哥班固编写《史记后传》。那时,北匈奴经常进犯,边境不宁。羡慕张骞、傅介子出使西域的班超,毅然决然地投笔从戎。

---

① 《史记·大宛列传》。
② 《汉书·张骞传》。

至于班超出使西域,也是同汉匈战争有关。西汉后期,外戚专权,国力削弱。匈奴乘机控制了西域,实行奴隶统制,"敛税重苛,诸国不堪命"①。东汉明帝时,国内生产逐渐得到恢复和发展,为重新打通西域的商路,朝廷下决心击退北匈奴。

永平十六年(73年),明帝派遣窦固和耿忠率兵由酒泉向天山东麓进军,出击匈奴。班超随窦固出征,就开始了漫长的军事生涯。作为假司马,他异常勇敢,带兵别击伊吾(今哈密市),战于蒲类海(今哈密巴里坤湖),多斩首虏而还。窦固看到班超很有才,为了联络西域各国,以便配合军事行动,就派他去西域进行外交政治活动。

(1)不入虎穴,焉得虎子。

班超携带随从36人,来到鄯善,当他觉察国王的态度由热情变为冷淡时,就判断定有匈奴人作祟。后经诈问侍者,证实匈奴派遣的使者及士兵100多人到达鄯善已经数日。当天夜里,班超率其随员36人向匈奴使者的住地发起进攻,杀死了匈奴的使者,从而解除了鄯善王的顾虑,终于使鄯善摆脱了匈奴的统治。

班超离开鄯善,西行到于阗。这个天山南道的大国,受到匈奴的操纵。迷信的于阗国又受亲匈奴的巫师指使,对汉朝进行造谣中伤。班超巧妙周旋,智斩巫师,揭露了匈奴使者的阴谋,从而使于阗归向东汉。

第二年春天,班超以过人的胆量和远见卓识,率36骑,绕开叛汉的莎车国,渡过寒冷刺骨的克孜勒河,直逼疏勒王宫盘橐城,抓住听命匈奴的的龟兹人兜题,拥立疏勒王冗子忠复位,从而恢复了东汉初以后封闭65年的丝绸之路。

疏勒地理位置异常重要。因为出河西走廊西行,丝绸之路分南北两道,然后在疏勒汇合。它是南到印度、西达中亚和欧洲的交通枢纽,又是货物的集散地。而地处雪山之侧,河流纵横,土地肥沃,是一片天然的绿洲,自然成了南疆

---

① 《后汉书·西域传》。

的政治、经济和军事中心。班超以疏勒为据点,长期驻守,是具有军事战略眼光的选择。

由于班超在西域外交的成功、东汉军队进击匈奴的军事胜利,到了公元74年,西域的大部分地区已经脱离了匈奴的统治。于是,东汉政府在西域设置了西域都护府及戊己校尉府。

(2)燕然未勒归无计。

因中原地区连年灾荒,班超也接到了撤回洛阳的指令。这就意味着匈奴的卷土重来,西域人民将陷入横征暴敛的重负之中。所以,当班超离开疏勒时,疏勒苦苦挽留,连都尉黎弇也以自刎的方式来阻拦他的离去。班超退到于阗,于阗"王侯以下,皆号泣曰'依汉使如父母,诚不可去!'互抱超马足,不得行"。① 班超深受感动,权衡再三,只好勒马返回了疏勒。但就在这时,疏勒已经有两城投降了龟兹。班超依靠当地的力量镇压了叛变者,击败了尉头国(今乌什县境)的叛军,使疏勒得以安定下来。

当班超在疏勒住下来的时候,匈奴已经占据了天山以北和山南北道的广大地区,切断了疏勒通往内地的通路,从而使班超与东汉政府失去了联系。于是,班超首先击败了疏勒附近的匈奴,巩固了据点、然后又把莎车争取过来,最后凭借着南道诸国的支援出击匈奴。公元78年,班超率领疏勒、拘弥、于阗等国的士兵1万人,攻破了匈奴的姑墨石城(今阿克苏县境内),解除了这一地区的威胁。

班超上奏皇帝,建议增兵保护西域。东汉章帝建初五年(公元80年),派徐干为假司马,率兵千人增援班超。从章和元年(公元87年)到永元六年(公元94年),他陆续平定了莎车、龟兹、焉耆等地贵族的变乱,并击退月氏的入侵,天山南北路各地大都归向东汉,保护了西域各族的安全,也保障了"丝绸之路"的畅通。

和帝永元三年(公元91年),东汉政府又设置了西域都护府和戊己校尉

----

① 《后汉书·班梁列传》。

府,任命班超为都护,后封定远侯。他在西域活动达三十一年,曾遣甘英出使大秦(罗马帝国),至条支的西海(今波斯湾)而还。永元十四年(公元102年)8月,71岁的班超带着重病之躯回到洛阳,拜为射声校尉,9月就离开了人世。

(3)但愿生入玉门关。

班超在西域度过整整三十个春秋。他出生入死,历尽千辛万苦、千难万险,以诚信征服当地的统治者和人民,使五十多个国家都表示要归顺汉朝,功劳可谓大矣。然而此时的班超已年届七十,他体弱多病,自知来日无多,便上书汉和帝,陈述在西域三十年的艰辛,提出的唯一希望是"但愿生入玉门关"①。班超的妹妹班昭也写了同样情真意切的奏书为哥哥说话。这一切都让和帝感动,终于下诏让他回国。遗憾的是,班超回到洛阳1个月,就因胸胁疾(胸膜炎)去世,走完他坚韧的一生。

在班超离开西域前,接替工作的任尚向他求教。班超语重心长地对他说:"塞外吏士,本非孝子贤孙,皆以罪过徙补边屯。而蛮夷列不鸟兽之心,难养易败,今君性严急,水清无大鱼,察政不得下和。宜荡佚简易,宽小过,总大纲而已。"②意思是,西域情况错综复杂,凡事应在坚持原则之下,宽厚待人,不要对小节苛求。这本是班超的肺腑之言,也是他的经验之谈,任尚却不以为然,他私下对亲信说:"我以班君当有奇策,今所言平平耳。"班超离开后,任尚我行我素,没几年西域就发生叛乱,他也"以罪被征",应了班超对他的警戒。

3. 甘英——首征罗马的先驱

班超于97年派遣部下甘英出使大秦(罗马),甘英虽然没能与罗马进行直接接触,但却是中国人首次到达地中海东岸(现在的希腊附近),而且还带回了大量关于中亚、印度、西亚、罗马等地的情报。以这些情报为基础,通商也逐步走向繁荣。166年,大秦王安敦的使者来到后汉拜访。大秦王安敦是当时的罗马皇帝。

---

① 《后汉书·班梁列传》。
② 同上。

像这样在前汉、后汉时代开始进行的西域地区的贸易活动,常因汉朝的内乱和游牧民族的入侵而中断。唐朝建立后,进一步加强了对西域地区的经营。

秦汉时,有识之士继承上古自强不息的生命意识,追求自我价值的实现,借助对未知的挑战以摆脱生命局限,沟通人和自然,使生命获得自由的理念,成为张骞和班超勇探西域的时代心理背景。张骞和班超出使西域,彰显了汉人不畏艰险,敢为天下先的精神,特别是产生了张骞这样的一代探险家、旅行家与外交家,对汉代与西域各国的商贸沟通产生了举足轻重的影响。

第二节 鸠摩罗什来华:僧侣踏遍万重山

1. 鸠摩罗什——东土传经十六载

佛教与基督教、伊斯兰教并称为世界三大宗教。佛教是在公元前6世纪到公元前5世纪由古北印度迦毗罗卫国净饭王的儿子乔达摩·悉达多创立的。两汉之际,佛教已逐渐向东传入中国。

在中国,佛教的传播是与佛教经典的译介同步进行的。从神奇的"白马驮经"东来,安息王子安世高成为译经先锋开始,无数热忱的异族、异国传教者,历千难万险,从千山万水之遥的"彼岸"携来珍贵的梵文系统经卷;继而,又有许多富有献身精神的汉族僧人,为求真理而百折不挠,涉流沙、越葱岭,西行取回真经,其中捐躯献身者近百人。无数中外高僧大德共同努力,掀起了一场轰轰烈烈的佛经翻译运动。这一震撼中华大地的不朽盛业,持续了10个世纪之久,翻译过来的经、律、论三藏共1690余部,6420余卷,出现著名的中外译师有200余人,其中鸠摩罗什、真谛、玄奘、不空等都是中国翻译史上乃至世界翻译史上著名的大师。浩瀚的翻译佛典,为灿烂的汉民族文化增添了巨大的精神财富,成为佛教东来、根植东土的最基本、最关键的因素。于是,佛教历经漫长的岁月,深深地渗透到中国社会的各个领域,与汉民族固有的儒、道思想文化相结合,成为中国传统文化的主流。

在这场轰轰烈烈的佛经翻译运动中,有一个重要而特殊的人物,他就是东晋姚秦时代的名僧鸠摩罗什。

台湾著名学者南怀瑾先生在他的《中国佛教发展史略》一书中这样写道："罗什的来华,是中国文化史上的一段奇迹。这个奇迹,说来却很辛酸。"①南朝梁释慧皎《高僧传·鸠摩罗什传》记载,大师鸠摩家族,系印度婆罗门种姓,世代贵族。大师的祖父鸠摩达多,世为国相。鸠摩罗什大师的父亲鸠摩罗炎,倜傥不群,驰名遐迩。本应嗣继相位,然而他不但推辞不就,而且毅然出家。随后东越葱岭到龟兹国,龟兹王非常敬慕他的高德,便亲自到郊外迎接,并延请为国师。

鸠摩罗什大师的母亲,是龟兹王白纯的妹妹耆婆,聪敏才高,能过目不忘,且解悟其中妙义。其身体有红痣,依命相之法来说,正是必生贵子的特征。已届双十年华,虽有各国显贵竞相提亲,但她却不肯答应。等到一见鸠摩罗炎,十分倾心,决意嫁他。龟兹王让这远来的和尚做了自己的妹夫。

鸠摩罗什的母亲怀孕时,不论记忆或理解,都倍增于从前,其至能无师自通天竺语,众人都感到非常讶异。有位阿罗汉达摩瞿沙说:"这种现象,必定是怀有智慧的孩子。舍利佛在母胎时,其母智慧倍常,正是前例。"等到鸠摩罗什出生后,其母便顿时忘却天竺语。

不久,鸠摩罗什的母亲想出家,但丈夫不允许,后来又生下一个男孩,名叫弗沙提婆。她出城游览,看到荒冢间枯骨散乱各处,于是深思唯色身是苦本,就立誓要出家修行。但是丈夫鸠摩罗炎坚持不答应,她绝食抗议,经过六天,气力衰竭,命若悬丝。她的丈夫只好忍痛答应。在尚未落发前,她坚决不吃任何食物,于是她的丈夫即刻命人剃除其头发,她方才进食。隔天,正式受戒,进而修习禅法,专精不懈。

当时,鸠摩罗什年方七岁,也跟随母亲一同出家。鸠摩罗什依从老师学经,每天背诵千偈,一偈有三十二字,总共三万二千言,如此背诵完《阿毗昙经》。老师为鸠摩罗什解释经义,没想到鸠摩罗什早已自己通晓妙谛,不须逐

---

① 南怀瑾:《中国佛教发展史略》,复旦大学出版社,1996。

第四章 丝路苍山万里遥

句指导。

当时,龟兹国人因其母是王妹,虽出家在寺,但仍给以丰厚供养,其母认为这样优裕的环境对修道不利。为创造真正良好的修行氛围,广求名师以增长见识,于是她携罗什离开本国,开始长达四年之久的异域游学生涯。

此时,鸠摩罗什年方九岁,他随母亲渡过辛头河到罽宾国(今巴基斯坦),遇见了名德法师盘头达多(即罽宾王的堂弟),鸠摩罗什依止他学《中阿含经》《长阿含经》,共四百万言。盘头达多每每称赞鸠摩罗什的神慧俊才。

鸠摩罗什十二岁时,母亲又携带他返回龟兹国。鸠摩罗什的高名远播,有许多国家争相延聘,但鸠摩罗什丝毫不动心。龟兹国原属小乘的教法,鸠摩罗什广开大乘法筵,听闻者莫不欢喜赞叹,大感相逢恨晚。此时,鸠摩罗什正值二十岁,于是在王宫受戒,从卑摩罗叉学《十诵律》。鸠摩罗什回到龟兹后,住在王新寺,诵读大乘经,宣传大乘教义,一时声名鹊起。西域诸国都很佩服他。每当他讲经时,诸国的国王都赶来听讲,在讲台两侧长跪,让罗什踩着他们的脊背登上讲台,并为此而感到荣幸。

不久,鸠摩罗什的母亲决心到天竺修行。她要去天竺时,曾经对鸠摩罗什说:"大乘方等甚深的教法,要传扬到东土(中国),全得仰赖你的力量。但是这件宏伟的事,对你而言,却没有丝毫的利益,要怎么办呢?"

鸠摩罗什大师回答说:"大乘菩萨之道,要利益别人而忘却自己。假如我能够使佛陀的教化流传,使迷蒙的众生醒悟,虽然会受到火炉汤镬的苦楚,我也没有丝毫的怨恨。"

不久,鸠摩罗什的师父盘头达多不远千里来到龟兹国。龟兹王问盘头达多:"您为何从遥远的地方光临本国?"盘头达多说:"一来听说我的弟子鸠摩罗什有非凡的体悟,二来听说大王极力弘扬佛法,所以冒着跋涉山川的艰辛,专程赶来贵国。"鸠摩罗什听到师父光临的消息,非常地喜悦,终于能够实现原先的愿望了。鸠摩罗什先为师父讲说《德女问经》,因为从前师徒二人都不相信该经的因缘、空、假的道理。所以,先阐扬本经,为破迷启悟。盘头达多问鸠摩罗什:"你崇尚大乘的经典,是否曾见到什么妙义?"

鸠摩罗什回答:"大乘的道理比较深奥,阐明我空、法空的真正空义;小乘偏于局部的真理,有许多缺失。"盘头达多说:"你认为一切法皆空,非常可怕啊!哪有舍离'有法'而爱好'空义'的呢?从前有一个狂妄的人,命令织匠造出最细的棉丝,那位织匠别出心裁,特意织出像微尘般的细丝。狂人还嫌太粗,织匠勃然大怒,便指着空中说:'这是最细的棉丝!'狂人疑惑地问:'为什么我看不见呢?'织匠说:'这棉丝,非常细致,就像我这么优秀的织匠也看不见,何况是别人呢?'狂人听后喜悦万分,便付钱给织匠。现在你所说的空法,就像那则故事一样。"鸠摩罗什苦口婆心,将大乘妙义连类比喻,娓娓道来,师徒之间往来辩论一个多月,终于说服了盘头达多。盘头达多赞叹说:"师父未能通达,徒弟反而启发师父的心志,这话在今天得到证实。"于是,盘头达多便向鸠摩罗什顶礼,说:"和尚是我的大乘师父,我是和尚的小乘师父。"大乘、小乘互为师徒,传为佳话。

鸠摩罗什的名声不仅远播西域,也东传至我国。前秦苻坚久仰大名,在心中早已有迎请的想法。

苻坚建元十三年(378年),太史上奏:"在外国边野,出现一颗闪亮的明星,未来当有一位大德智人,将来到我国。"苻坚说:"我听说西域有位鸠摩罗什,襄阳有释道安。那位外国的大德智人,一定是鸠摩罗什吧!"鄯善国前部王和龟兹王弟,曾一同前来朝礼苻坚,说西域有丰富的珍珠宝贝,应派兵讨伐。前秦苻坚建元十七年二月,鄯善王等人又奏请讨伐西域。于是次年九月,苻坚派遣骁骑将军吕光、陵江将军姜飞,偕同鄯善王、车师王等,率领七万大军,讨伐龟兹及乌耆诸国。

临行之前,苻坚在建章宫举行饯别宴,对吕光说:"帝王顺应天道而治国,爱民如子,哪有贪取国土而征伐的道理呢?只因为怀念远方的大德智人罢了!我听说西域有一位鸠摩罗什大师,他深解佛法,擅长阴阳之理,是后学的宗师。我非常想念他。贤哲的人,是国家的大宝,如果你战胜龟兹国,要赶快护送他返国。"吕光的军队刚出发,鸠摩罗什告诉龟兹王白纯:"龟兹国运衰微了,将有强敌从东方攻来,你应该恭敬迎接,不要派兵反抗。"但是龟兹王不听劝告,率军奋力抵抗,结果被打得落花流水,龟兹王白纯也遭到杀身之祸。吕光锐气风发,平复龟兹国后,便另立白纯之弟白震为龟兹国王。吕光掳获鸠摩罗什,看他年纪尚小,不知他智慧高深,就把他当凡夫俗子来戏弄。吕光强迫鸠摩罗什与龟兹公主成亲,鸠摩罗什苦苦请辞。吕光又命令鸠摩罗什骑猛牛、乘恶马,想看看他从牛背和马背掉落的滑稽相。几番的恶意欺负,鸠摩罗什都忍辱负重,丝毫没有怒色。最后,吕光感到惭愧,才停止轻慢的行为。

吕光回凉州,没有把鸠摩罗什交给苻坚,而是把他羁留了十七年。

394 年,姚兴取代前秦苻崇,国号后秦。401 年,派遣姚硕德领兵攻伐凉州,击败后梁王吕隆,恭迎鸠摩老人入长安,待以国师之礼。鸠摩罗什前往关中,此时,他已五十八岁了。姚兴万分喜悦,以国师之礼待鸠摩罗什,次年并敦请他到西明阁和逍遥园翻译佛经,又遴选沙门僧䂮、僧迁、法钦、道流、道恒、道标、僧睿、僧肇等八百余人参加译场。

姚兴为罗什组织了庞大的译经班子,为他的佛事活动提供了尽可能的便利条件。也正是在这以后的八年里,鸠摩罗什在佛经的翻译中取得了巨大的成就。鸠摩罗什译有《中论》《百论》《十二门论》《般若经》《法华经》《大智度论》《维摩经》《华手经》《成实论》《阿弥陀经》《无量寿经》《首楞严三昧经》《十住经》《坐禅三昧经》《弥勒成佛经》《弥勒下生经》《十诵律》《十诵戒本》《菩萨戒本》,以及佛藏、菩萨藏等,系统地介绍了龙树中观学派的学说。有关翻译的总数,依《出三藏记集》卷二载,共有 35 部,297 卷;据《开元录》卷四载,共有 74 部,384 卷。

东汉明帝时,佛法传来中国,历经魏晋诸朝,汉译的经典渐渐增多,但是翻译的作品多不流畅,与原梵本有所偏差。

鸠摩罗什羁留凉国十七年,对于中土民情非常熟悉,在语言文字上能运用自如,又加上他原本博学多闻,兼具文学素养,因此,在翻译经典上自然生动而契合妙义,在传译的里程上缔造了一幕空前的盛况。在语言和文风上,罗什和他的译经团体一改以往翻译过于朴拙,不仅充分地传达原典的旨意,而且文笔流畅洗练,甚至成为文学名篇,如对中国文化影响很大的《金刚经》《维摩诘经》

《法华经》《阿弥陀经》等虽有其他译本,但直到今天流传盛行的还是罗什的译本。

清末国学大师梁启超,在其著作《翻译文学与佛典》中说:"绝对主张直译之道安,其所监译之《增一阿含》《髀婆娑》《三法度》诸书,虽备极矜慎,而千年来鲜人过问。而鸠摩罗什译之《大品》《法华》《维摩》以及四论(中、百、十二、大智度)不特为我思想界辟一新天地,即文学界之影响,亦至巨焉。文之不可已,如是也。"①

鸠摩大师在中原的时代,是中国历史上佛教最兴盛的时期。南朝的皇帝,几乎没有一个不信佛的。其中梁武帝,常年吃斋念佛,有三次还把自己舍给了寺院,去当服役人,害得朝廷官员花了许多银子才把他从寺院赎出来。当时的门阀士族如王治、袁弘、谢安、王羲之、顾恺之等,大多是大知识分子或杰出人物,也都迷佛佞佛。

对鸠摩罗什翻译的成就和贡献,是历史公认的。但后来有专家学者认为,鸠摩罗什的"汉语的笔译能力是很差的"。鸠摩罗什的翻译,都是通过他的得力助手僧融、僧睿、僧肇等协助进行的。译成汉文后,也要由他们作序,介绍所译经的大意。

应该说,这讲得大致不会错。汉语不是鸠摩大师的母语。他的四大弟子,如僧睿的汉语水平高于大师,一点也不奇怪。就是从上面的记载里,我们看到鸠摩罗什刻苦自操、孜孜以求的精神,实在令人感动。僧融这些"什门四圣",能心悦诚服地师事鸠摩罗什,其道理就不言自明了。

413 年,鸠摩罗什大师在长安去世,享年 70 岁。

鸠摩罗什是我国古代少数民族的杰出代表,中国古代伟大的佛学思想家。他一生的业绩远远地超出了宗教的范畴,对东西方文化交流,对中华民族的文化发展,做出了卓越的贡献。

---

① 《翻译文学与佛典》,《梁任公近著》第 1 辑,第 113 页。

2. 法显——远渡志取天竺经

法显出家前俗姓龚,平阳郡(今属山西省)人,他出生于东晋咸和九年(334年),卒于元熙二年(420年),他的一生正值中国佛教大发展的时代。法显的三个哥哥都在童年夭亡,因此在其3岁的时候父母就将他度为沙弥,以防夭亡。

佛教起源于公元前6世纪的印度,于公元前后传入中国,但直到东汉末年才开始流行,迅速传播,为社会各阶层广泛接受,甚至被奉为国教。也正因为此,佛教某些上层僧侣依仗权势为富不仁。法显认为,这些丑恶现象是因为中国的佛教戒律经典缺乏,广大佛教徒无法可循,只有从天竺(古印度)寻取佛教的戒律,才能匡正佛教界的不端行为。

中国古代文明核心区的黄河、长江流域与印度相距遥远,隔着世界屋脊青藏高原、帕米尔高原,更有雄伟险峻的喜马拉雅山,在古代这些都是难以逾越的障碍,因此中印之间通常的路线是西出玉门关或阳关,穿越塔克拉玛干沙漠一路西行,翻越葱岭(帕米尔高原)转向南进入印度。399年春天,65岁的法显从长安出发前往印度,同行还有10人。他们西出阳关遇上了西行的第一个险关——"沙河",即白龙堆大沙漠,"上无飞鸟,下无走兽,遍望极目,欲求度处,则莫知所拟,唯以死人枯骨为标帜耳"[①]。经过17天、1500里的艰险跋涉,他们平安穿越了沙河,后因无从筹措旅费,11人的旅行团被迫分散。只有法显一行7人得到了符公孙的资助,得以继续前行,穿越塔克拉玛干大沙漠,"涉行艰难,所经之苦,人理莫比"[②]。他们花了一个多月零五天,抵达了沙漠南缘的佛教中心于阗国,并停留三月,参加当地的佛教活动。随后历时两个多月才得以翻越"冬夏有雪""其道艰阻,崖岸险绝,其山唯石,壁立千仞"[③]的葱岭,进入了北印度境内。

法显一行在北印度地区逗留了数月,寻访佛教名胜,参拜佛祖遗迹,然后

---

① 法显:《佛国记》。
② 同上。
③ 同上。

动身翻越小雪山(阿富汗的苏纳曼山)南下。同行者有的返回了中国,有的选择他往,此时只剩法显、慧景和道整三人。在翻越小雪山的过程中,于北坡突遇寒风,慧景被冻死。法显、道整二人后进入中天竺境,在此周游四年多。当他们来到佛教的发祥地、释迦牟尼生前说法时间长达25年的舍卫城祗洹精舍时,当地的僧人惊叹:"我等诸师和尚相承已来,未见汉道人来到此也。"

405年,法显和道整抵达了佛教极其兴盛的达摩竭提国巴连弗邑,花了3年时间学习梵书、梵语,抄写经律,并收集了《摩诃僧祗众律》等六部佛教经典。道整十分仰慕巴连弗邑的沙门法则和众僧威仪,感慨中国僧律残缺,决定居留此地不再回国。法显则一心想将戒律传回中国,便一个人继续旅行,周游了南天竺和东天竺,又在恒河三角洲的多摩梨帝国写经、画(佛)像两年。

409年,法显离开多摩梨,搭乘商舶,纵渡孟加拉湾,来到了狮子国(今斯里兰卡)。他在王城的无畏山精舍访得《弥沙塞律》《长阿舍》《杂阿含》及《杂藏》等四部经典。此时,法显身入异城已12年,经常思念祖国,同伴"或留或亡,今日顾影唯已",心中无限悲伤,一次他在无畏山精舍看到商人以一个中国产的白绢扇供佛,"不觉凄然,泪下满目"。

411年,法显终于完成取经求法的使命,搭乘商船归国。船行不久,即遇暴风,在海上漂流了90天,到了南海的耶提婆(今印度尼西亚)。在此住了5个月后转乘另一条商船向广州进发,不料行程中又遇大风,船失方向,随风飘流。两个多月后,在粮水将尽之时终于抵岸。法显上岸遇见两位猎人,方知此处是青州长广郡牢山南岸(今山东省青岛市即墨区)。长广郡太守李嶷听到法显从海外取经归来的消息,立即亲自赶往岸边迎接,此时已为412年夏天。法显65岁出游,13年间游历了近30个国家,回到中国时已是78岁高龄。在这13年中,法显经历了平原、沙漠、雪山、高原、河流、大海和各个气候带;经历了同伴的离去和死亡;自己也多次在死亡线上挣扎,他在晚年回顾时也后怕不已——"顾寻所经,不觉心动汗流"。

413年,法显南下赴东晋首都建康(今南京)。他在道场寺从事佛经的翻译,在一生最后的7年时间里,一共译出了佛经6部,其中的《摩诃僧祗众律》

为佛教五大戒律之一。同时,他又写成了记述自己经历的《佛国记》,其中保留了大量中亚和印度的珍贵史料。420年,法显逝世于荆州,终年86岁。

晚清梁启超评价法显:"横雪山而入天竺,赍佛典多种以归,著《佛国记》,我国人之至印度者,此为第一。"①

第三节　玄奘西游:唐僧苍茫拜灵山

印度佛教东传和中国佛学的创立是中国历史上规模最为宏大、持续时间最长的文化再造工程和思想文化运动。在两千年中国佛教史上,有一位伟大的人物——玄奘。在他身上所体现的为学与为道,入世与出世,有为与无为,既气象万千又登峰造极,令人叹为观止。他的行为诠释了本书所体现的长安文化精神,为华夏精神塑骨铸魂。

印度有学者这样说:"人类历史上不乏征服者,他们通过战争扩张和征服,给许多国家和人民带来了无尽的灾难。人类历史上还有和平的使者,他们不顾个人安危得失,不远千山万水,传播和平与文化。中国著名的佛教徒玄奘就是这样一位伟大的和平使者,他是中印文化交流的象征。"直到今天印度小学课本里还在讲述玄奘的故事。

玄奘大师,俗姓陈,单名一个"祎"字。他生于隋文帝开皇二十年(602年)。玄奘幼年迭遭不幸,五岁丧母,十岁丧父。

1. 佛教巨子是个孝子

八岁的时候,父亲开始教玄奘读《孝经》。有一天,当父亲讲到"曾子避席"时,他忽然整衣而起,父亲问他为何起立,他说:"曾子闻师命而避席,我做儿子的今奉慈命,又怎么可以坐着不动呢!"陈慧听了很高兴,知道他日后必成大器,于是更加认真地教他,不但教他《孝经》,还将其他的经典也都仔细教给他。

佛教传入中国后,与儒家观念有着很大的冲突,双方一直围绕着忠孝问题

---

① 《梁启超全集》,北京出版社,1999。

争论。出家不能孝敬父母;受戒不能传宗接代;免税免役,不能尽忠国家。这一直是儒者、道士攻击佛教无君无父的口实。直到禅宗出现后,这个牵动视听的天大问题才不成为问题。禅宗讲成佛在世间,既然运水搬柴可以明心见性,那么事父事君就不是妙法道行吗?执着缚心,无处是禅,心无挂碍,处处是禅。玄奘从小是个孝子,投身佛门之后,又是一个虔诚的佛教徒。在他身上,佛法、佛行与中华传统美德并存不二。

父亲去世后,玄奘随二哥到了洛阳净土寺,成为一名少年行者。隋末天下大乱,681年,19岁的玄奘和哥哥随着逃难的人流,从洛阳来到长安。长安繁华不再,就在这一年,隋炀帝为了在外国使节面前炫耀,于隆冬季节下令将长安街道两旁的树木全部装饰起来,用凌绢包裹树干并在枝头扎满红花绿叶,锦绣如春,铺张数十里。玄奘颠沛流离,又入川,南下,数十年间负籍从学,一路问学,广学大德,尽识名僧。古人有游学传统,游历名山大川,行万里路,破万卷书,亲近自然,入法天地,学问在山水天地之间,遍访名师,能够得到先生的言传身教、口传心授。玄奘的游历就有上述访学问学的意义。等玄奘再回长安,长安已是今非昔比。大唐盛世的序幕正在拉开,它将成为中国历史上最强盛王朝的帝国之都,长安城正在迎来它最繁华、最辉煌的时期。再回长安,玄奘也今非昔比,他饱读佛经,遍谒高僧,声誉日隆,前程似锦。

2. 去灵山最初是偷渡出境

玄奘,生活于7世纪隋唐年间的普通和尚,于贞观年间只身前往印度取经求法。但此时的丝路大部分控制在突厥手中,唐朝禁止出国旅行。

法师不似当年张骞通西域,有大汉朝官方的身份和大批军队的护卫,而且张骞只抵西域未入印度;也不似蔡愔等汉明帝派往西域求法的大队官宦;也不似法显法师等结伴同行的西行求法僧众;也不似徐霞客虽历经血汗,但犯难程度是以考察国内地理山川为目的的有限冒险;更不似现代的冒险家或登山家是为了追求生理极限的个人超越和荣誉。作为汉民族最优秀时代——盛唐中最博学优秀的知识分子,玄奘法师早已从躬行修持的体验中把握并体证了崇高无畏的生命信仰,即能让每一寸身心在行愿实践中直接抵达真理。知识、学问、方法,只能在生命信仰的光芒中才会彰显功用,否则便是无聊的戏论。而要让东土人民的信仰有可靠的依归,必须从佛土取来原汁原味的真经,普遍的人性只有在无上菩提的感召下才会皈依,才会渐觉,才会开始寻找自己。玄奘法师决意让释尊的话语在东土复活,恭请释尊以汉语再对东土人民宣说一次生命的真谛。

他辞去了长安名寺大庄严寺的住持一职,勤学梵文。据现代学者考证分析,玄奘掌握和了解的各种语言及方言多达八九十种,由此看出玄奘具有非凡的语言天赋。唐太宗贞观元年(627年),28岁的玄奘夹在灾民的人流中,偷偷出城,一路向西,开始了万里孤征。

不知道大家有没有过精神危机的心灵体会?读书、弹琴、看电视都不能安放我们的灵魂,精神危机没法依靠外在的转移和发泄来解决,于是我们追寻超然于所有物和物欲以及形而下的东西之上的属灵生活。如果你有过这样的体会,大体就能理解玄奘出行的意义了。

僧侣西行求法,既不是宗教社团行为,也没有政府组织和资助,纯粹是个人行为。并且,在这种个人行为中,没有世俗的目标,仅仅是一种形而上的精神追求,一切由自己决定,自己负责,完全发自本愿,出于本心。也正因为这样,他们才有那样的自觉、毅力和勇气。

3. 和高昌王义结金兰,当了御弟

行经八百里瀚海,黄沙漫漫,越过边关,经河西走廊途经伊吾(今哈密)、高昌(今吐鲁番)向西边进发,当时玄奘认为伊吾、高昌为义教之地,却意外地得到了热情的接待,特别是信仰佛教的高昌国竟有僧人三千人。

麴文泰殷勤款待,就是想请玄奘长期住下来,受高昌民众的供养。这怎么可能呢?玄奘自有一番西行取经的大志,目标宏远,他坚决不肯。一急之下,文泰将他软禁在宫中。玄奘不屈从,以绝食表明自己的态度:自己西行取经的大业,是任何人、任何事情也阻挡不了的。他每天亲自托起餐盘,好说好哄,想

请玄奘进食,可连续三天三夜,玄奘硬是没吃一粒米,没喝一口水。第四天,玄奘又饿又渴,已是气息渐断渐续,文泰见了,才感到非常愧疚,赶忙跪下叩头说:"法师,你要西行,你就去吧,我再也不会阻拦你了,现在,只求你吃点东西。"听了这话,玄奘还是担心文泰耍花招,便让他对天发誓。文泰照办了,并请求玄奘在佛的面前与他结为生死兄弟。于是,文泰在他母亲的主持下,举行了盛大的礼仪,与玄奘结为兄弟。文泰的一片肝胆赤心感动了玄奘。他决定留下来,用一个月的时间在这里传教讲经。① 玄奘在高昌国讲经的日子,高昌国的佛事达到了最兴盛的时期。玄奘手持《仁王般若经》,每天讲经说法时,高昌王文泰都手持香炉亲自迎候,并跪下为阶,让玄奘踩在他的身上就座。上千名僧人,听经吟诵,佛号高荡,让佛教的香烟浓浓地弥漫在高昌国上空。

玄奘离开高昌时,文泰写了24封致西域各国的通行文书,还赠送了马匹、25名仆役和大量的衣物、钱财,组织万众夹队成排,举目欢送。文泰依依不舍,挥泪送别。西行的路上,玄奘以高昌王弟的身份,受到了西域各国的优待。

高昌国的经历是玄奘西行求法中的一个转折点,也使玄奘切身体会到"不依国主则法事不立"。在以后的求法和弘法活动中,可以看到玄奘十分注意争取人君的支持,他也善于和国君打交道,从称雄中亚的西突厥可汗,到五印霸主,到唐太宗、武则天,都同他关系非同一般。

此后,玄奘又向西经塔拉斯、塔什干、撒马尔罕等地抵达印度。631年,他抵达摩揭陀国,并入天竺佛教最高学府那兰陀寺受学。后来,又游学天竺各地,著述立论,宣讲大乘,获得较高的声誉。643年,玄奘启程回国。

4. 回国以后,声誉飙升,典型的墙外开花墙内香

645年2月25日(唐贞观十九年正月二十四日),玄奘携梵文佛经657部和各种佛像回到长安,轰动了整个长安城,受到唐太宗的亲自召见。664年,玄奘由于积劳成疾病逝。唐太宗曾经称赞玄奘:"松风水月,不足比其清华;仙

---

① 高僧慧立所著《大唐大慈恩寺三藏法师传》所记载的往事。

露明珠,讵能方其朗润。智通无累,神测未形,超六尘而迥出,只千古而无对。"①

玄奘历时19年,独行5万里,遍游西域、中亚和印度,回国后又用19年时间夜以继日翻译大量佛经,无论数量还是质量都堪称空前绝后。他的舍身求法精神,九死一生的经历,以平凡之身完成不平凡的业绩,吸引着鼓舞着一代又一代中国人。后人把他作为唐代和尚的代表,称之为唐僧。有唐一代,出家人多如牛毛,高僧辈出,宗师如林,唐僧专指玄奘,本身就是一项高得无法再高的荣誉。

其代表作为《心经》和《大唐西域记》。大雁塔是唐高宗敕令修建的玄奘藏经塔,用以保存玄奘从西域带回来的625部佛经和舍利及佛像。玄奘共译出经论75部,总计1335卷。如此的翻译文字量,即使在今天有各种字典和工具书加上电脑的条件下,也是一个天文数字。

一部《般若波罗蜜多心经》连同标题只有268个汉字,从数量上说,仅为玄奘全部译经的五万分之一。作为中国历史上译经最多的伟大翻译家,他的译作大部分都被束之高阁,而文字最短的《心经》最终成为玄奘译经的代表作,流传最广,影响最大。"观自在菩萨,行深般若波罗蜜多时,照见五蕴皆空,度一切苦厄。"回答人类亘古以来的一个精神困惑:"我是谁?我从哪里来?我到哪里去?"这是一部人类认识自我以及寻求精神家园艰难心路历程上的里程碑式的著作。

他还口述了《大唐西域记》。该书是玄奘西行求法历时17年、行程5万余里、经过100多个国家所写的游记,内容相当丰富,涉及中亚、西亚、南亚地区许多国家的山川地形、城邑关防、交通道路、风土习俗、物产气候、语言文字、政治经济、文化宗教等各个方面,并有不少佛教传说。全书共12卷,约11万字,记述的国家达138个以上,是我国古代的一部极为重要的地理著作。季羡林这么说:"《大唐西域记》这一本书,早已经成了研究印度历史、哲学史、宗教史、

---

① 唐太宗《大唐三藏圣教序》赞玄奘法师句。

文化史等等的瑰宝。我们几乎找不到一本讲印度古代问题而不引用玄奘的《大唐西域记》的书。"①

  时代会造就这样一些英雄,有时,他们和时代的发展不谋而合、相得益彰;有时,时代也会因这些超凡气质的人而产生重大的飞跃。时代和个人的走向有时是顺行的,有时是逆行的。而上面所讲的几位使臣和僧侣甘愿冒着域外风险,勇担交流的使命,终年奔波在茫茫沙海和坎坷崎岖古道,甚或献出生命,他们无疑具有超凡的素质、宽阔的眼界和高尚的人格境界,这使得他们在自己的时代大有所为。这些寥寥史料的简朴陈述,给我们描述了一幅塞外僧使抛家赴国的画面,而它更是一部沙漠路途险恶,生老病死、悲欢离合,美丑交锋、正邪格斗的史诗或传奇。所以说,通往西域之路是一部中古商业交流史,同时,它也是一部中外人类边塞生活史。

  西域古道的人员往来,无论走向异乡还是来自他方,无论蚕桑西移还是胡舞东来,都足以使长安这座东方名都浸入异域文化的芳香流韵。

---

  ① 季羡林等:《大唐西域记校注》,中华书局,1985,第135页。

第五章　胡服乐舞浸长安

1. 浸入唐人日常生活中的外来因子

李大钊在其《史学要论》中揭示历史的要义在于,"是人类生活的行程,是人类生活的连续,是人类生活的变迁,是人类生活的传演,是有生命的东西,是周流变动的东西;他不是些陈编,不是些故纸,不是僵石,不是枯骨,不是死的东西,不是印成呆板的东西"。① 历史是活生生的人的历史。

西域往来的商旅交换的不仅是珠宝、丝绸、古玩等价值连城的贵重商品,更重要的是胡人大批涌入并定居长安城,使得长安已变成四夷聚居的国际都市。丝路如一道绚丽的彩虹,将西域各国的宗教艺术、民俗风情引进长安,而长安则以主人之姿、开放之态迎接并容纳各民族异彩纷呈的杰作。

美国汉学家谢弗在《撒马尔罕的金桃》一书中研究唐朝的舶来品,表达了这样的观点:这是物质史,也是精神史,"舶来品的真实活力存在于生动活泼的想象的领域之内,正是由于赋予了外来物品以丰富的想象,我们才真正得到了享用舶来品的无穷乐趣"②。也就是说,我们对舶来品感兴趣,除了本地没有出产等原因外,还有一个原因是舶来品是从那些令我们心驰神往的地方来的,

---

① 中国李大钊研究会编注《李大钊全集》第4卷,人民出版社,2006,第399-400页。
② 谢弗:《唐代的外来文明》,吴玉贵译,中国社会科学出版社,1995,第2页。

寄寓了我们对于遥远他方的想象,表达着人们对于未知世界的好奇和渴望。

2. 外来文明入长安

唐朝热衷接纳各种外来物品在盛唐前就已形成风气,比如各类家具上出现了伊朗、印度、突厥人的画像和装饰式样,诗人元稹8世纪时作诗曰:"自从胡骑起烟尘,毛毳腥膻满咸洛。女为胡妇学胡妆,伎进胡音务胡乐。"唐代长安是个胡风盛行的城市。

唐朝人追求外来文化的风气渗透到了唐朝社会的各个阶层和日常生活的各个方面,宗教(如景教、祆教)、服饰(如胡服翻领窄袖)、饮食(如胡饼、烧饼)、绘画、歌舞、音乐及乐器等一起传入长安。

当代长安人以为,自己日常生活中常见的动植物和风俗习惯都是华夏民族自古本有的,远隔千里之遥的吉尔吉斯斯坦、伊朗、印度、巴基斯坦、土耳其、伊拉克等中亚西亚的文明与我们毫无干系,这确乎是历史的误会。美国汉学家谢弗在《唐代的外来文明》中列举的家畜就有马、牛、驴、骡、犬,野兽类有大象、犀牛、狮子、小羚羊,飞禽类有鹰、孔雀、鹦鹉、鸵鸟,植物类有菩提树、枣椰树、莲花、青睡莲,香料类有沉香、樟脑、茉莉油、玫瑰香水,等等。

3. 胡习飞入王榭堂

(1)胡风波及语言文字领域,许多汉人懂突厥语,还有供学者研究使用的突厥—汉语词典。突厥民歌曾经对唐诗诗体产生影响。许多虔诚的佛教徒还学习了梵文。

唐长安不仅是世界贸易都市,还是胡地流行语和胡服时尚的新潮文化交汇之都。就像当代年轻人推崇说日韩语和留朋克头、唱摇滚乐一样,唐王朝的贵族青年对胡骑草原部落文化有着极大的好奇心和无穷无尽的想象力,对异域文化的模仿成为他们日常生活的一部分。

(2)胡俗成为都市生活时尚。

唐太宗的太子李承乾喜欢说突厥语、穿突厥衣服,他还特别挑选面貌像突厥人的侍从,每五人组成一个部落,把头发梳成小辫,身穿羊皮,到草地上牧羊。有时还玩"假死"的游戏。他对自己的手下说:"假设我是可汗,现在死了,你们仿效突厥的风俗,来办丧事。"然后像死人一样躺到地上,大家一起放声大哭,骑到马上,环绕着"尸体"奔走,并依照突厥风俗,用刀割破自己的脸。李承乾对这种游戏乐此不疲,还说:"有朝一日我统治帝国,一定要率数万骑兵,到金城(今甘肃省兰州市)以西打猎,然后把头发解开(汉人束发),去当突厥人,投靠阿史那思摩。如果他给我一个将军当,我一定不会比别人干得差。"

李承乾所说的阿史那思摩,是突厥阿史那部的酋长。李承乾身为大唐王朝储君,竟然公开表示要在得天下之后去做突厥酋长的部下。即使这番话纯属戏言,也可以说讲得过于离谱,至少不合储君的特殊身份,这不能不引起太宗的恼怒。

因为突厥人的热情,汉族贵族还忍受很不舒服的帐篷生活,甚至流行在城市里搭建帐篷。白居易就曾在其家庭院搭建了两顶天蓝色的帐篷,还在毡帐中款待宾客,向客人夸耀帐篷御寒的好处。太宗的儿子李承乾更是刻意模仿突厥人的生活起居,在皇宫空地上搭建了一顶地地道道的突厥帐篷,本人穿得像一位真正的突厥可汗,坐在帐篷前的狼头下,亲手将煮熟的羊肉用佩刀切成片大嚼大吃,伺候他的侍从也全身着突厥装束。

第一节 胡服时妆靡长安

1. 关于"胡服"

"胡服"通常是指生活于亚欧广阔草原地区的居民为了便于骑马、射箭而穿戴的装束。这类装束紧身、利索,源于精通马术的游牧民族。骑马要求骑士必须两腿分开,跨在马背之上,所以"胡服"的第一个特点就是必须穿"绔"。"绔"字即"袴",亦即现代通常使用的"裤"字。《释名·释衣服》谓:"绔,跨也。两股各跨别也。"在胡服进入中原之前,汉人虽然也有"襦",但是这是内裤,穿在里面,其外必定有"裳"(服之上曰"衣",服之下曰"裳")罩没。这便大大阻碍了两腿的自由运动,极不利于骑马。"胡服"的另一个特色,即是皮制的鞋和靴。皮靴有统,通常包住小腿,长者可至膝盖,并将裤腿管裹在统内。这样的装束也是出于便利骑马时上下腾跃,干净利索。在现代中国人看来十分平常和简单的裤子、靴等服饰,却直到战国时期才由赵国引入。在赵武灵王的大力推动下,全国范围内掀起了"变服骑射"的高潮,人们学习游牧人的骑术和射术,同时换去不便于骑马的宽大战袍,穿戴起利于作战行动短小而紧身的胡服,战斗力得到了迅速的提高。

到了秦汉,胡服更多地见于武士、大臣及王室成员等身上。《史记·佞幸传》谓西汉惠帝时,郎、侍中都戴冠。而这种冠,即是用一种鹙鸟羽毛装饰的帽子。胡服在汉代的宫廷中基本上成为特定的戎服。

2. 唐代,胡服更为盛行

《旧唐书·舆服志》云:"开元来……常乐尚胡曲,贵人御馔尽供胡食,士女皆竞衣胡服。"①姚汝能《安禄山事迹》卷下载道:"天宝初,贵游士庶好衣胡服为豹幅,妇人则簪步摇。衣服之制度,襟袖窄小。"②

唐人喜欢效仿突厥和东伊朗人的服饰。男女出行时,都喜欢骑马,头戴胡帽。妇女在7世纪喜爱穿一种带着包头巾的外衣,这种帽子与面纱连在一起的衣服叫"幂罗",是披风的一种,适合贵妇出行时将面部和身体大部分遮盖,有助于贵妇隐匿身份,避免被粗人闲汉好奇窥视。

7世纪中叶,端庄淑静风气渐渐衰退,长面纱被"帷帽"取代。它是一种带有垂布的宽边帽,布垂到肩,还可露出脸面,能在灰尘扑面的旅途保护头部,男女都可以戴。后来帷帽遭到社会非议,唐朝后来发布诏令,让那些"深失礼仪"的女骑手出行时体面地坐进带顶的马车,但无人领会。

到了8世纪,妇女们头戴胡帽,靓装露面,穿着男人骑马使用的衣服靴衫,到处策马驰骋。应当指出的是,女着男装也是唐朝的一种时尚,这种风俗似应先行于西域三州。

---

① 《旧唐书·舆服志》。
② 向达:《唐代长安与西域文明》,三联书店,1957,第44页。

中唐还流行丈夫戴豹皮帽,妇女穿伊朗风格的窄袖紧身服,并配以百褶裙和一种绕着颈部披下来的长披巾。9世纪的凉州流行外来时装,而敦煌这个外域人聚集地区,却因为要固守纯正汉族传统而兴穿唐服。

逐渐地,早期源自中亚骑马民族的"胡服"被中国人普遍接受,习以为常,以至于千年以后往往被视作中原的汉族衣服了。

3. 胡人发式、佩饰、妆面入汉

汉人属椎发型民族,男子结发。结发乃蓄发结于顶上,形成一个短髻,上戴以冠,以笄固定。通行高髻,以发多且高为美,耸立于头顶,发型千姿百态。高髻乃汉代"城中好高髻,四方高一尺"发型的继承。

阿斯塔那206号墓15木俑中就有二人梳高髻。抛家髻流行于开元天宝盛世,《新唐书·五行一》记其特征为"京都妇人梳发以两鬓抱面,状如椎髻,时谓之抛家髻"。① 两鬓抱面,余发束于头顶。椎髻乃一撮之发状如锥,下丰上锐,初唐盛行此髻。半翻髻则高耸如翼,向一边倾斜。

螺髻开始模仿印度发型,顶中结髻,盘旋如螺。乌蛮髻则乃高髻软结,婀娜及额。8世纪的宫女时兴"回鹘髻"。

唐代女性非常讲究修饰发部,头戴步摇,这是一种树枝形的金质头饰,随步摇曳,发上除饰以金玉钗簪以外,还喜欢上插小梳子。

唐代女性面部化妆,举凡画眉、染发、搽粉、涂唇膏等皆应有尽有,早期盛行晓霞妆,以胭脂涂红眼以上,后来讲究搽粉,谓之淡妆或素妆,喜欢在眉心上点红,这是受印度美容术的影响。还有饰花钿的习惯,以蚌类发光物质,压成粉状,点染面部,望之熠熠生辉,温庭筠词云:"懒起画蛾眉,弄妆梳洗迟。"可知已流行画眉。唐人王焘《外台秘要》收有染发方,以生油渍乌梅,加蛋清染发,可使发色乌黑,可见染发术也已流行。

---

① 《新唐书·志·卷二十四·五行一》。

第二节　葡萄美酒胡旋舞

在艺术领域,丝路给中国带来了不可估量的文化财富。箜篌、琵琶、胡琴、羯鼓等乐器的传入,改变了以打击乐为主的中国传统音乐的内容和演奏方法;绘画、舞蹈、雕刻、图案式样的传入,极大地丰富了中国的艺术种类和艺术技巧。这在一定程度上促使盛唐的文化艺术达到了极其辉煌的境界。

1. 胡旋舞女出康居

其中胡乐与胡舞作为唐长安繁华的一朵奇葩,在唐代诗人的诗句中如烟花般凄美。中国传统的乐舞与政治教化密切相关,"乐以教化"是政治教化的手段。胡舞则强调个人感情宣泄,对于中国传统乐舞是一个有益补充。这种调整、改造从魏晋南北朝时开始,唐代长安城的乐舞正是历史性改观的结果。

当时城市流行的胡舞种类有健舞、软舞、字舞、花舞、马舞等,健舞中的胡旋舞来自康国,最具有西域风情。胡旋舞的特点是动作轻盈、急速旋转、节奏鲜明。胡旋舞是因为在跳舞时须快速不停地旋转而得名的。

《胡旋女》

白居易

胡旋女,胡旋女。心应弦,手应鼓。

弦鼓一声双袖举,回雪飘飖转蓬舞。

左旋右转不知疲,千匝万周无已时。

人间物类无可比,奔车轮缓旋风迟。

曲终再拜谢天子,天子为之微启齿。

胡旋女,出康居,徒劳东来万里余。

中原自有胡旋者,斗妙争能尔不如。

天宝季年时欲变,臣妾人人学圜转。

中有太真外禄山,二人最道能胡旋。

梨花园中册作妃,金鸡障下养为儿。

> 禄山胡旋迷君眼,兵过黄河疑未反。
>
> 贵妃胡旋惑君心,死弃马嵬念更深。
>
> 从兹地轴天维转,五十年来制不禁。
>
> 胡旋女,莫空舞,数唱此歌悟明主。

胡旋舞是由西域康居传来的西北少数民族舞蹈,据清代学者魏源在《圣武记》中考证:"哈萨克左部游牧逐水草,为古康居。"唐代曾在西域康国(今乌兹别克斯坦撒马尔罕一带)设置康居都督府。白居易《胡旋女》一诗中曾提到"胡旋女出康居"。《新唐书·西域传》也记载了当时西域康国、史国、米国等都曾向宫里送胡旋女的事。

《胡旋舞》最初是由康国等地传来的富有民族特色的舞蹈。《新唐书·西域传》云:"康者,……本月氏人。始居祁连北昭武,为突厥所破,稍南依葱岭,即有其地。"[1]据载,康国"人嗜酒,好歌舞于道"[2],对胡旋舞尤为醉心。

2.天宝风气舞胡旋

白居易写长诗《胡旋舞》,诗中说,胡旋女在鼓乐声中急速起舞,像雪花空中飘摇,像蓬草迎风飞舞,连飞奔的车轮都觉得比她缓慢,连急速的旋风也逊色了,左旋右旋不知疲倦,千圈万周转个不停。转得那么快,观众几乎不能看出她的脸和背,这种描写正突出了《胡旋舞》的特点。

胡旋舞传入长安后,风靡一时,在宫廷尤为流行,为男女最为喜爱的交际舞蹈,长安人人学旋转,学胡舞成了一时的风尚,大约五十年的时间盛行不衰。唐玄宗李隆基对于胡旋舞十分偏爱,他的宠妃杨玉环和宠臣安禄山为了取悦于玄宗,也常常在宫廷上眉飞色舞地跳胡旋舞。从白居易和元稹的《胡旋女》诗中可以看出,胡旋舞的舞者多为女子,有独舞,也有三四人舞,后来也有男子跳的。《旧唐书》云:"(安禄山)晚年益肥壮,腹垂过膝,重三百三十斤,每行以

---

[1] 丁雯:《中国文化全知道》,北京联合出版公司,2015,第179页。
[2] 《新唐书·列传·卷第一百四十六·西域下》。

肩膊左右抬挽其身,方能移步。至玄宗前,作胡旋舞疾如风焉。"①

杨贵妃胡旋舞跳得极为出色,所谓"天宝季年时欲变,臣妾人人学圜转。中有太真外禄山,二人最道能胡旋"(白居易《胡旋女》)。作为女子,能为胡旋,不足为奇。安禄山作为男子"作胡旋舞,疾如风焉",这是因为安禄山是胡人,而不是地地道道的汉人。

3. 胡旋舞倾时欲乱

对于胡旋舞,当时有人予以反对,认为这不是正道。元稹和白居易的诗中都有这样的表示。如元稹《胡旋女》诗:"天宝欲末胡欲乱,胡人献女能胡旋。旋得明王不觉迷,妖胡奄到长生殿。"白居易诗:"禄山胡旋迷君眼,兵过黄河疑未反。贵妃胡旋惑君心,死弃马嵬念更深。"

白居易的《胡旋女》说到胡旋女美妙的舞姿得到了天子的喜爱后,笔锋一转,指出从康居来的胡旋女还无法与中原的胡旋者"斗妙争能",而中原最能舞胡旋的人是唐玄宗的宠妃杨贵妃、宠臣胡人安禄山。诗人认为,胡旋舞的盛行是"天宝季年时欲变"的征兆,因为它只能"迷君眼""惑君心",使得唐王朝遭受了一次大劫难,"从兹地轴天维转,五十年来制不禁"。把政权的沦落归罪于胡旋舞,未免太过极端了。

胡旋舞是开元盛世时期引进的胡舞中的重要门类,但是在胡旋舞的背后,有学者依据大量史料论证并揭示出一个惊人的论点,就是跳胡旋舞的女子,竟是一些由胡地被粟特商人贩卖到长安的女奴。而在歌楼舞榭云集的唐长安背后,竟隐藏着一个人口买卖的巨大市场,在胡山汉月的异乡古道和喧闹繁华的长安西市的酒家,竟是波斯舞女思念家乡的殷殷血泪。

唐代城市生活中的胡乐与胡舞,烘托出无所顾忌的开放气氛,人们的情感在这种欢快的节奏催促下变得更为奔放,各民族心理认同也在潜移默化中获得加强。胡旋舞传入中原历久未衰,作为舞蹈本身它已经融化于中华艺术大动脉之中,为中华民族的舞蹈艺术奉献了养料,促进了祖国音乐舞蹈的发展。

---

① 《旧唐书·列传·卷一百五十》。

第三节　羊汤腊肉胡汉餐

1. 传自胡人的面食

(1)汤饼、面条类食物的推广。

1968年,吐鲁番阿斯塔那68TAM104号墓出土了一件木碗,内有汤饼残迹。《辞海》释汤饼为面条是不确切的,面条乃把面压制后切成细条,汤饼则乃径直以手捏面下锅而成的汤食,始见于西晋束皙的《饼赋》,内云:"玄冬猛寒……充虚解战,汤饼为最。"最初的汤饼似乎是肉汤中下捏面片,其后出现了水引、馎饦的分化。《齐民要术》记水引饼乃"细绢筛面,以成……挼如箸大,一尺一断……挼令薄如韭汁,逐汤沸",亦即今之薄皮拉面;馎饦则乃"挼(捏)如大指许,二寸一断……盆中浸,宜以手向盆旁挼,使极薄,急水逐汤熟煮,涓美非常",应即今新疆之揪片子,由此又进一步演变为压制而成,再切成条状的面条。

(2)起面与各类胡饼的流行。

当时在唐朝普遍流行的主要是胡食,最流行的是外国传来的小"胡饼"。各式各样带了芝麻籽的蒸饼和油煎饼尤其备受青睐。虽然这种胡饼大受欢迎,但它是从西方传来的,所以通常制作和出售胡饼的都是西域人。汉人传统的面制干食主要是饼,以平底锅烙成。新疆各地已发现了不少这类平底锅,说明这种饼仍在广泛食用。与此同时,胡饼也先经由三州四镇传入我国内地,元人胡三省《资治通鉴注》中谓"胡饼,今之蒸饼",明人钱谦益《初学集》卷二十六"胡饼,言以胡麻着之也",似乎皆非原意。《齐民要术》的解释最近真:"面一斗,羊肉二斤,葱白一合,豉汁及盐,熬令熟,炙之,面当令起。"[①]可见胡饼的最基本特点是"面当令起",即以起面(发面)制成的发酵饼。这种面粉发酵的技术似乃传自西域,以区别于汉地不用酵面做成的饼,具体又分为胡饼、烧饼、镐

---

① 贾思勰:《齐民要术·卷九·饼法第八十二》。

鎁等。普通胡饼乃烤饼,烧饼乃夹肉饼,䭔鎁则乃加油烤饼,慧琳《一切经音义》中云:"此油饼,本是胡食。"① 唐代流传一则故事,就是一个姓郑的青年,黎明时从情人家里出来,他所在的里坊门还没有开,他在等待开启里坊门的晨鼓声时,光顾了一家胡饼店。书中记载:"(郑子)及里门,门扃未发。门旁有胡人鬻饼之舍,方张灯炽炉。郑子憩其廉下,坐以候鼓。"②

吐鲁番阿斯塔那出土了一块形制有似于今日维吾尔烤馕的胡饼,宽边,薄肉,周边面上捣有许多细凹点,确属发酵面粉制成,但"馕"字出现甚迟,当时这种饼究竟叫什么尚不清楚,汉人则统称之为胡饼。此外,阿斯塔那还出土了10件不同形态的小巧花式面点心,有作梅瓣形、月饼形、星形,尽管形态不同,却皆乃酵面制成,是胡饼的变种。由于酵面的推广及其同蒸法的结合,又出现了"馒头"。9世纪成书的藏文文献《翻译名义大集》中已出现了此词,而唐代的馒头实为肉包子,"蒸笼"一词也出现于该书。

2. 唐人饮食浸胡风

(1)唐朝鱼菜多生食。

唐朝的行僧义净,曾经对印度尼西亚和印度的烹调饶有兴趣,详加研究。他把在那些地方买到的精美食品与唐朝的食品进行对比,说:"东夏时人,鱼菜多并生食,此乃西国咸悉不餐。凡是菜茹,皆经烂煮,如阿魏、酥油及诸香合,然后方啖。"③ 义净记载的唐朝饮食似与现代日本一样,我们可以设想这是一种清淡食物,甚至可能是生的,只是饮食中添加了美味佐料,或者是一些可口的酱油。如果真的这样,那么中国现代的烹调大多只是近代才发展起来的,中国美食的丰盛香醇的特点,也只是到唐代才出现的。而这些特点毫无疑问是受了印度以及印度化地区饮食口味的影响。

(2)胡地蔬菜品类丰。

---

① 王赛时:《唐代饮食》,齐鲁出版社,2003,第8页。
② 沈既奇:《任氏传》,北京文学古籍刊行社,1956,第34页。
③ 〔唐〕义净:《南海寄归内法传》卷三十二。

外来饮食文化的浸入,使唐代蔬菜品种变得丰富,诸如葱、蒜、韭、莱菔(萝卜)、白菜、菠菜等,炒菜的方法已普遍应用,腌菜也很盛行。此外,根据古藏文《翻译名义大集》,唐代西域不但有了豆腐,还有了粉条、粉丝。

而与大众食品形成鲜明对照的,是富豪和上流社会餐桌上的精美菜肴。这些菜肴有的是使用昂贵的进口配料制作的,比如很流行一种加了外来香料的"千金碎香饼子"的食物。也有根据外来食谱做的食物,如笼屉上蒸的"婆罗门轻高面"即属于这类食品。据新疆考古研究所有关库车的资料,唐代出土物还有笼箅,说明已开始食用蒸制食品了。

(3)食物进口严把关。

当时的食物进口,是在唐朝政府的严密监督下进行的。这些外来美食中最上等的食物,是被称作"尚食"的官员监管御厨做的菜肴。尚食由"食医"六人和"主食"十二人辅助工作,主要职责是"掌供天子之常膳,随四时之禁,适五味之宜"。在天子宴飨百官时,尚食还要"视其品秩,分其等差","进其食,必先尝"。[①] 随着这些珍馐美味不断从宫廷传入民间,唐朝百姓对于外来食物的爱好日渐滋长,外来食物的贸易增多了。

3. 长安回民街及小吃

来自古西域的回民群落在长安城逐渐形成宗教、民居、商业和饮食的聚集区。

西安回民巷距今已有上千年历史,是著名的美食文化街区,是丝路美食汇聚地。西安人习惯称回民巷为回坊。651年,阿拉伯特使来到唐都长安,两国正式交往,沟通了东西两大帝国间的往来,善于经商的穆斯林纷纷来华。另据波斯人努尔丁的记载,7世纪中期倭马亚王朝初期,什叶派遭到迫害,许多什叶派穆斯林逃到中国。安史之乱后又有大食兵前来作战,其中一些定居中国。

回民街在唐代就商贾云集,有108家粮行,几十处宰牛、宰鸭、宰驴点。如今的坊上人大都是国外的使节和来长安做生意的胡人的后裔。他们围绕伊斯

---

① 〔唐〕李林甫等撰,陈仲夫点校《唐六典·卷十一·尚食局》。

兰教形成聚居区,在汉人占主流的社会中,坚守着自己的文化,血液中还保留着精明商人和贵族的遗传因子。

回民街的小吃主要有牛羊肉泡馍、肉丸胡辣汤、清真腊牛羊肉。

牛羊肉泡馍:古称"羊羹",来自胡人饮食习惯及其革新。北宋著名诗人苏轼留有"陇馈有熊腊,秦烹唯羊羹"的诗句。它料重味醇,肉烂汤浓,暖胃耐饥,素为西北地区各族人民所喜爱。牛羊肉泡馍已成为陕西名吃的"总代表"。

肉丸胡辣汤:材料有白菜、土豆块、胡萝卜块等,肉丸主要是牛肉丸子,吃前要浇香油,覆油泼辣子,再拿一个陀陀馍,这陀陀馍是回民常见的面食,圆形小面饼,掰开泡进汤吃。

清真腊牛羊肉:唐代长安的穆斯林厨师借鉴中国古传的腊肉法,又融入了穆斯林传统的煮制牛羊肉法,和来自阿拉伯的异域调料,逐渐形成了穆斯林特有的风味美食腊牛羊肉。

今日长安街头最诱人的饮食小吃,很多是汉唐西域少数民族传来的胡地美食。遍布街头的伊斯兰饭馆也说明这种汉胡文化交融的延续。

4. 异域的花木、果蔬和调料

(1)水果。由于开疆拓土的结果,唐朝人的水果中出现了伊吾的"香枣"。从一种无叶沙漠植物中流出的"刺蜜",龟兹的"巴旦杏",以及安南的香蕉和槟榔,这些食物属于半外来性的过渡食物。在西州,除了葡萄外,梨、枣、核桃等也普遍种植。还有柰(nài),有人说就是一种原始的苹果,亦称"沙果"。枣和核桃相配,加以饴糖,成为做点心的原料。《太平御览》引《赵录》:"石虎好食蒸饼,常以干枣、胡核瓤为心蒸之,使坼裂方食。"①这种以干果为点心的习惯源自西域,伊、西、庭三州汉人最早感受其风。

(2)树木。

美国汉学家将7世纪时康国(撒马尔罕)向唐朝贡献的金桃当作来到大唐的所有外来事物的象征。金桃黄灿灿的颜色适合皇室园林的皇家特色。长安

---

① 《太平御览·卷八百六十·饮食部十八·饼》。

城自种金桃时将它嫁接在柿子树上。

此外,唐代还引进一种枣椰树,来自波斯,其果又叫波斯枣。还有阿月浑子,是生长在粟特的坚果,唐朝称它为胡榛子,能壮阳健身。

粗壮的娑罗木来自印度和孟加拉地区,叶色如银,花色如云,木材厚重、坚实、色暗,是优良木种。它被作为圣树引进中国。唐玄宗天宝初年,地方官员在拔汗那得到二百茎树枝,专程送到长安,"进树状"说它"不比凡草,不栖恶禽,耸干无惭于松柏,成荫无愧于桃李"①。在唐朝慈恩寺殿庭中种有一棵优良的娑罗树,9世纪,段成式曾在慈恩寺见过此树。

皇家禁苑种植着世界各地的各种庭院果木,它们还是唐朝各地方植树造林的树种来源。唐玄宗曾发起一场美化唐朝北方大都市的运动,市内遍种果树,其树种就来自上林苑。

私人苑林规模也相当可观,其中也有许多外来植物。如杨国忠家的年轻园艺师建造了一种可以移动的木制花园"移春槛",每逢春日,向公众展示这种新奇的花园车,车子一边走一边可以缓慢旋转,使每个人都可以看到车上的奇花异草。

(3)名花。郁金香起源于波斯和印度。在唐代其粉作为治疗内毒的药物和香料用,是一宗重要进口商品。唐朝人把郁金香粉撒在衣裳和帷帘上。初唐卢照邻诗曰:"双燕双飞绕画梁,罗帷翠被郁金香。"这可能指焚香和喷雾的制剂。唐朝人还用郁金香给酒调味,如李白就写过:"兰陵美酒郁金香,玉碗盛来琥珀光。"这为李贺用琥珀比喻酒开了先河。水仙是罗马的植物。莲花也出自西域。李时珍《本草纲目》记载:"红莲花、白莲花生西国,胡人将来也。"②莲花在唐人心中保留着印度佛教的色彩,成为从梵天到佛陀的象征。它出淤泥而不染,被中国人视为花中君子。据说唐朝有过一种千瓣白莲,成为太液池(大明宫的一个湖)中的一大景观。青睡莲则是从外国传来的,647年有记载

---

① 周绍良等:《全唐文新编》卷三七五,吉林文史出版社,1999,第4326页。
② 〔明〕李时珍:《本草纲目》,商务印书馆2005年影印文渊阁本《四库全书》,第542页。

说:"伽失毕国献泥楼婆罗花,叶类荷叶,圆缺,其花色碧而蕊黄,香芳数十步。"①

(4)蔬菜。在唐朝,西域蔬菜如菠菜最早来自波斯,原称波斯草,食品专家说他可以解酒毒。还有一种叫甘蓝或西土蓝的阔叶植物,据说可以"益心力,壮筋骨"。甘蓝最初也是欧洲植物,它是经西域、吐蕃、河西走廊的通道流传到唐朝的。还有被称为"酢菜"的阔叶菜,以及带香味的胡芹,都是泥婆罗国(尼泊尔)献给唐朝的外来植物。酢菜茎膨大成瘤状,加香料、辣椒腌制成榨菜,为四川名产。甜菜是由大食人引进的。

(5)调料。胡椒从胡人传来。在胡椒之前,中国人有自己的椒。秦椒是古代广泛使用的一种椒类,可以治疗痢疾,"来水银"说明它是探矿人的指示物。四川有蜀椒,但优质的蜀椒产自西域。胡椒是一种外来昂贵的椒。随着胡椒的传入,也带来了用这种椒做的胡地菜肴。据记载,"胡椒,出摩羯陀国……做胡盘肉食皆用之"②。显然做外国的食品要用外国的调料。中世纪末期,胡椒昂贵的价格曾经给垄断胡椒贸易的商人带来过巨量的财富。唐朝宰相元载被赐死后,在其家中搜出一百担胡椒,这个惊人的数字是他家拥有巨大财富的象征。唐朝人普遍有吃甜食的习惯,当时通常用蜂蜜做甜食。中国人原先用粟和稻做糖浆和糖果制品,比如麦芽糖。到了唐代,大家对谷物制作的糖感到索然无味,这种糖属于价格低劣的食品。后来从波斯等国传来用甘蔗制作糖的方法。

5. 葡萄和葡萄酒来自胡地

中国自有农耕植物以来,就会用大麦、粟、稻等谷物发酵酒,作为日常饮用的清淡饮料。魏晋南北朝时期已掌握了酿造高度曲酒的技术。西州的前身是高昌国,是粮食的高产区,粮食造酒技术必也是由之传入。

葡萄酒则是新疆的土产酒,由于新疆各地盛产葡萄,吐鲁番更有"常田桃"

---

① 《唐会要·卷一百·杂录》。
② 〔唐〕段成式:《酉阳杂俎·木篇》。

的记载,即家家几乎都有大小不等的葡萄园,多余的葡萄则制干葡萄,即今之葡萄干,此外即用以酿制葡萄酒。几百年来,葡萄被作为外来图案绣在彩色锦缎上,在唐镜背面刻有古希腊艺术风格的葡萄纹样式。都知道罗马人、大食人和西域回鹘人以精于栽种葡萄和善于饮酒而知名。而唐朝开通西域后,葡萄及葡萄汁就变成半外来的食物。唐王朝要求高昌年贡干、皱、煎三种葡萄品种以及葡萄浆、葡萄酒等。这时,随着一种新的用来酿酒的葡萄传入唐朝,葡萄酒的制作工艺也随之传入,从而产生唐代酿酒业。唐太宗也学会了葡萄酒制法,用于宫廷宴饮。玄宗朝,葡萄酒广泛流行于上层社会,出现了"葡萄美酒夜光杯,欲饮琵琶马上催"的诗句。据《中亚研究》中阿布杜罗耶夫《中亚古代葡萄种植业和酿造业》一文记载,曾发现7—8世纪唐时的一套完整的榨酒设备。这种新传入的葡萄就是著名的"马乳"葡萄。它和被称为"龙珠"的普通圆葡萄不同,是一种细长的紫色葡萄。

640年,唐朝政府从高昌带来马乳葡萄,植入长安皇家园林中。韩愈的《葡萄》一诗中也写有这种马乳葡萄:"新茎未遍半犹枯,高架支离倒复扶。若欲满盘堆马乳,莫辞添竹引龙须。"原诗题为《题张十一旅舍三咏》,此诗为其中之一,是诗人于贞元十九年(803年)被贬后在江陵旅舍待诏赴官时写给朋友张署的诗。这首诗通过描绘葡萄生长之态,表达自己仕途困顿、渴望有人援引的心情。

山西太原有"燕姬葡萄酒"。据说那里出产一种硕大的食用葡萄,运抵京城成为无价之宝。而太原成为制作马乳葡萄酒的基地,生产出的葡萄酒每年必向皇宫进贡。刘禹锡有首《葡萄歌》,诗中介绍了太原马乳葡萄在当时的声誉,诗中写道:"马乳带轻霜,龙鳞曜初旭。有客汾阴至,临堂瞠双目。自言我晋人,种此如种玉。酿之成美酒,令人饮不足。为君持一斗,往取凉州牧。"后来汉人饮食学家研究葡萄汁可以治疗孕妇"子上冲心",效果明显,"饮之即下",但是"多食令人卒烦闷眼暗"。[1]

---

[1] 〔唐〕孟诜:《食疗本草》,中州古籍出版社,2013。

6. 外来蔬果的保鲜和传播

胡地果疏植物进入长安,路途遥遥,在古代是如何保证品正质优的呢?

正如大家所知,唐朝要利用驿马将荔枝运送到长安,就不得不从岭南驰越唐朝全境。玄宗朝的杨贵妃喜欢吃鲜荔枝。尽管这种水果"一日而色变,二日而香变"①,可杨贵妃竟然得到的是色味不变的荔枝,这是如何做到的呢?

(1)雪藏。首先我们知道,鲜美的马乳葡萄当时可以新鲜完整地穿越戈壁沙漠边缘,从高昌运输到长安,如果要问当时有什么高超的保鲜技术,在唐代档案上是得不到现成答案的。可我们能从其他记载中发现有益线索,例如9世纪,花刺子模出口的西瓜是用雪包裹起来,放进铅制的容器之中保鲜的。由此我们也可推测,西域的葡萄必定也是放置在从天山采集的冰雪之中,然后再运送到长安来的。但这还不能解释来自南方酷热边境地区的荔枝如何新鲜运抵长安,来自遥远国家的植物是如何活着来到唐朝境内的(假定带来的不是种子)。其实,唐朝人在冷冻保鲜和植物保活方面有着很多良好的习俗。

(2)冰壶。14世纪的诗人洪希文,根据北宋一幅表现唐玄宗和杨贵妃在暑日安憩的画《明皇太真避暑安乐图》,写了一首诗。诗云:"已剖冰盆金粟瓜,旋调雪水试凉茶。宫娃未解君恩暖,尚引青罂汲井花。"金粟瓜俗称黄金瓜,因色泽金黄而得名。黄金瓜外形圆润,乳白色的果肉甘甜留香,现也称作香瓜。此诗是说一个小宫女做事认真,但不解人事,全然不顾杨贵妃想和君王单独待在一起的心情,不停地在他们身边冰镇瓜茶,最后还将汲井水时采的青色罂粟花拿来让皇妃看。不管8世纪有没有雪茶,却有大量证据表明,唐朝在夏季真的是用冰来冷冻食物的。有时,冰在夏季还直接拿来食用,但唐开元年间的著名本草茶疗药师陈藏器认为,食冰是致病根源,告诫人们冰只可作为冷藏用,不可吞食入腹。在唐代,瓜除了被放进冰窖或冰室外(此为古法),还放进冰壶和冰瓮里。盛冰的壶有用玉做的,唐朝人用"清如玉壶冰"的比喻表示士子坦荡、纯真。盛唐边塞诗人王昌龄的送别诗《芙蓉楼送辛渐》,其中一句就是"一

---

① 严杰编选《白居易集》,凤凰出版社,2018,第291页。

片冰心在玉壶"。唐代还盛行用钟乳石质的石灰石做的冰盆,是一种用来储藏易腐烂试剂的器皿。

(3)冰室。说到冰室,皇宫的冰室由主管朝廷苑林、果园的上林署令主管。每年冬天,唐室就要在冰室里储藏上千块三尺见方、一尺半厚的冰块。这些冰块在寒冷的山谷里切凿而成,由地方官吏送到京城。

(4)蜡封、纸裹。为保证来自边远地区水果、花卉和树苗的安全运输,唐朝一定使用了隋代就有的用蜡密封茎干的方法。9世纪初,唐朝人就已经在利用纸包裹柑橘进行运输了。外来植物通过上述方法运到长安,并种植在皇家园林。

7.唐风异彩互递织锦

唐朝是个富有想象力和好奇心的伟大朝代,它在向异域输送精美丝绸的同时,也不止一次地吸纳来自异乡的更为奇异瑰丽的丝织品。

9世纪中叶,女蛮国传入中国一种叫"朝霞"的精美的棉纺织品。

外来织物入唐的原因:尽管唐代有自己的丝绸,但还是进口了大量外来布匹,也许唐代的纺织业刺激了外族人对纺织品的兴趣,才促成外来织品的大量进口。受到进口织物影响,有外来观念印记的唐朝产品运送到国外,各民族间的大融合大交流就在古老的丝路上穿梭往来。

各国织物交流互融,主要指棉布和丝绸两种织物。

棉布。大约从9世纪开始,唐代就出现了各种指称棉布的词句。皮日休在描写僧人的诗中写道:"巾之吉贝布,馔以旃檀饵。"吉贝布就是棉布。中唐的张籍写昆仑客带到唐朝的昆仑奴时,有"金环欲落曾穿耳,螺髻长卷不裹头。自爱肌肤黑如漆,得时半脱木棉裘"的描写。白居易诗中写他保持清晨时分在突厥的青毡帐里饮酒的习惯时,写道:"短屏风掩卧床头,乌毡青帽白氎裘。卯饮一杯眠一觉,世间何事不悠悠。"诗中的木棉裘和白氎裘都是指棉布。

唐朝诗文中的棉布更多指的是一种新奇之物,而不是古代熟悉的东西。棉花多生长在亚洲热带地区,文献中记载它往往是指东印度木棉和爪哇木棉的纤维。爪哇木棉就是"吉贝"。所以,真正的棉花不是唐朝本土的产品,由于棉花怕湿易霉变,故它多产于旱季气候的爪哇或者印度。那里的棉花在唐朝享有很高声誉。唐代著名僧人玄奘也记载了印度地区用吉贝制成的衣服,但他错认为是野蚕丝织成的。唐朝更多使用的是吉贝[梵文 Karpasa(棉)的马来语形式的汉文读音是"吉贝"],指一种更粗糙的棉布。白氎,指更精细一些的棉布。

"朝霞"一词,用来指印度尼西亚染色棉布的桃红色。王勃的一首绝句中有云:"芳屏画春草,仙杼织朝霞。何如山水路,对面即飞花。"朝霞出产于缅甸国,缅甸信奉经典佛教,衣服悉以朝霞绕腰。"不衣缯帛,云出于蚕,为其伤生故也。"①当扶南和天竺乐队在长安宫廷的庆典上,用他们的凤首箜篌及各类鼓演奏时,舞蹈者的身上就穿着朝霞衣,衣裳款式如僧侣的袈裟。

(2)外国丝绸。虽是丝绸的原产地,但大唐也大度地接受了一些外国的丝绸。839年初,一艘载着生丝平纹织物,也就是"茧绸"的船只,越过黄海,来到大唐境内。这是日本献给友邻唐朝的礼物。这种材料适合宫廷画师做底布材料。

此外,还有新奇的新罗绸。即8世纪新罗国向唐朝进贡的被称作"朝霞绸"和"鱼牙绸"的纺织品。朝霞绸淡粉如霞,李贺有诗云,"轻绡一匹染朝霞",就是指这类丝绸。鱼牙绸上可能有淡黄色条纹的设计图案,这种样式很容易让人联想到海象的牙齿横剖面的样子。

康国使臣进献的毛锦,很可能是丝、毛混合织物。新罗锦上织着歌颂语,是由新罗王弟弟亲自带来献给唐高宗的。

8. 千秋画鎏异国情

在艺术领域,7世纪是唐代绘画中外来题材最流行的时期。此时唐朝

---

① 《旧唐书·列传·卷一百四十七》。

已威震八方,外来的蛮夷人充斥朝廷,使得这些化外之民逐渐成为绘画中的人物主题了。在唐代文学作品中,外来题材最盛行的时期是9世纪。此时唐王朝的动乱使它和西域间的通道渐渐关闭,只有以绘画来怀旧。而7世纪时,就有表现外来题材的画家,其中名气最大的是阎立德。阎立德是阎立本的哥哥,这兄弟俩齐名。阎立本曾以图写唐太宗的真容而享有盛誉。在描绘外来题材上,没有与阎立德同时或者比他更早的超过他成就的人了。

朝廷经常让阎立德画一位土著的西南蛮。阎立本也画有两幅《西域图》。唐代画坛的周昉和张萱两位以擅画仕女图著称的画家,却都擅长画拂林图,即拜占庭疆域的罗马国图画,如果保留下来,我们将会看到唐代画家笔下如此神秘的异域风光。甚至传说开创水墨山水画的王维也画过异域图。唐朝画家描绘的这些远国绝域的居民形象,通常相貌奇特,身着本国服装。

在所有表现外域人的艺术品中,多数是唐朝工匠制作的赤陶小塑像。其中有头戴高顶帽、神态傲慢的回鹘人,浓眉毛、鹰钩鼻的大食人,还有头发卷曲、启齿微笑的类似希腊风格的人物。

9. 胡风渐入唐传奇

在唐人的文学作品特别是诗歌中,已出现对西域人物故事的描写。如李贺《龙夜吟》:"卷发胡儿眼睛绿,高楼夜静吹横竹。一声似向天上来,月下美人望乡哭。"其中写了一个卷发、绿眼的胡人儿童高楼吹横竹,感动胡人女思乡的情景。

中唐诗人元稹好古,他对当时汉族古乐已无人欣赏感到痛惜,感慨"玄宗爱乐爱新乐"。但他的诗中,也写了与外来事物相关的题材,如进口的犀牛、大象,以及突厥骑手、骠国乐等,这反而使他的诗广泛传播。

中唐蒋防唐传奇小说《霍小玉传》里,也曾有过对胡人儿童做汉族贵族家奴的描写:"忽有一豪士,衣轻黄纻衫,挟弓弹,风神俊美,衣服卿华,唯有一剪头胡雏从后,潜行而听之。俄而前揖生曰:'公非李十郎者乎?某族本山东,姻连外戚。'"①其中所写"剪头胡雏"既描写了胡人发式的汉化,也描写一位卖身给外戚贵族做家奴的胡人小孩。这在当时是只有皇室贵族才享有的特权。

描写外来事物是唐传奇的流行模式。其中通常有神奇宝石的故事,它或者是由异域人带到唐朝,或者是在唐朝寻找到的。这些宝石具有澄清污水的妙用,还有揭示宝藏埋藏地的功能,它能够给航海者带来顺风,也能满足人的欲望。这种传奇故事一直流传到9世纪,那时经过黄巢起义等战乱,外国商品已无法进入中国了,人们更依靠幻想来充实丰富它们,于是便有了传奇故事的创作性记忆。如西凉国进贡的"瑞碳"一百条,坚硬如铁,"烧于炉中,无焰而有光,每条可烧十日,热气迫人而不可近也"②。

追求怪诞离奇的风气在唐传奇作品中十分流行。文人们的想象力被调动起来,他们想象丝路的异域旅程充满精灵古怪的故事和魔力,随时会有大难灾害降临,妖魔鬼怪就等候在山间峡谷的转弯处,来自外国的人或物都带有这种危险而使人心醉的魔力。当然,唐传奇的这种异域性、神魔性特点,以及沙漠荒山、妖魔出没的超现实的想象,后来体现在明代吴承恩创作的长篇神魔小说《西游记》中。《西游记》是以唐代玄奘和尚赴西天取经的经历为素材,在《大唐西域记》《大唐慈恩寺三藏法师传》等作品的基础上构思写定的。小说借助唐僧师徒在取经路上经历的八十一难,为唐朝西域路的艰险神秘赋予神话色彩。小说想象大胆,构思新奇,在人物塑造上采用人、神、兽三位一体的塑造方法,创造出孙悟空、猪八戒等超现实的人物。这种对西域灾难和神魔交杂的幻想出自唐传奇,更出自对丝绸之路所产生的神秘和恐惧的联想。

8世纪的盛唐是一个神奇魔幻、无所不能的时代,作家在其作品中虚

---

① 〔唐〕蒋防:《太平广记》卷四八七《霍小玉传》,天津人民美术出版社,2008。
② 王仁裕、曾贻芬点校《开元天宝遗事》,中华书局,2006。

构对外来物品的幻想,也是这个外物云集、八方商旅汇聚的时代的产物。

异域或远方,那里天高地阔,那里黄金铺地,宝石满山,无边无际的奇花异草之间,珍禽异兽在飞翔和游荡。异域或远方通过舶来品介入唐朝人的日常生活。舶来品像钟摆一样在价值的明暗之间摆动:一边是感性,放纵、奢华,冲破生活限度;另一边也是感性,是农业社会对一切超出生活限度之物的"原罪"恐惧。

舶来品的价格一向昂贵,不但要为物品的使用价值付费,而且要为它所附带的想象空间付费。在唐代,这个空间像物品穿越的地理空间一样空旷,"我们"是这里的主人,想象是"我们"的想象。但今天,面对一件洋货,我们是精心预制的想象空间的客人,由一双鞋、一瓶汽水,你可能不由自主地化入了某个梦境,为此你得付出比国货更高的价钱,其中显然包括了这个梦境的制作成本。

7世纪时,唐玄宗申斥了拒不跪拜的波斯使臣。一千年后,同样高傲的乾隆皇帝又硬按下了英吉利使臣倔强的脖子,这位朝贡贸易体系的伟大捍卫者用这个给西方人留下不可磨灭印象的行动模仿了他的唐代先辈。其时,残阳如血。但是,曾恭敬朝拜大唐帝国文化的日本僧人哪儿去了,他们或许随船漂向西方文明的更远方。人类文明交流史是如此异彩瑰丽得令人迷醉,又是如此沧桑悲凉而无情。

再往后,想象的权力转移,中国和东方成为被想象的"异域",回望丝路长安,关山古月今何处?

第六章 汉唐关月万古流

第一节 汉唐长安:回望和审视

今天,站在汉唐长安和丝绸之路的交汇点上考察民族历史心理,带来的是惊喜的回望,更是深沉的审视。作为中华文化顶峰时期象征的"长安文化",是我国传统文明的高度浓缩和升华。本书中涉及的汉唐开辟丝绸之路的大国意识、大唐西市的早期商业活动、开通西域的僧使带来的和平外交理念,以及商贸市井文化中的外来文明渗透等,是在新世纪总结汉唐长安文化时绕不过去的话题。

赫胥黎曾经说过:"在很大的程度上,民族是由它们的诗人和小说家创造的。"我们可以从诗人的咏唱中回望大唐。在孟郊的"春风得意马蹄疾,一日看尽长安花"诗句里,如见唐朝长安的科举制度给寒门文士勾勒出青云直上的美好梦幻;杜甫的"长安回望绣成堆,山顶千门次第开。一骑红尘妃子笑,无人知是荔枝来",写尽了皇室的骄矜放纵和潜藏的社会矛盾;李白凭窗遥望,"总为浮云能蔽日,长安不见使人愁",透射出盛世长安中宦外专政的皑皑积雪。

第六章　汉唐关月万古流

从个人价值彰显的长安,我们进入到浓浓市井文化的长安,这是中古到近代商业文明的起点和鼎盛期。初唐卢照邻的《长安古意》:"长安大道连狭斜,青牛白马七香车。玉辇纵横过主第,金鞭络绎向侯家。龙衔宝盖承朝日,凤吐流苏带晚霞。百尺游丝争绕树,一群娇鸟共啼花。游蜂戏蝶千门侧,碧树银台万种色。复道交窗作合欢,双阙连甍垂凤翼。梁家画阁中天起,汉帝金茎云外直。楼前相望不相知,陌上相逢不相识?借问吹箫向紫烟,曾经学舞度芳年。得成比目何辞死,愿作鸳鸯不羡仙……"从诗中的描述,我们看到汉赋般堂皇富丽的中古繁盛史的豪奢气象,看到自汉至唐笼罩在帝国天空的极端务实的现世精神和对生命的珍视与追逐,从中我们得以近距离地观摩长安大唐西市的繁华烟云。

在大唐长安的尽头,就是我们所要揭秘的煌煌帝国开疆辟土的远行足迹,这是一代王朝的万丈光芒所能伸向和捕捉的极致,它申说着大唐盛景同丝绸之路的不解之缘。

丝绸之路上还有多少无法找寻的人类遗迹,穿过塔克拉玛干大沙漠、罗布泊和更多被大山环绕的戈壁滩,翻越北面冰雪覆盖的天山、南面坚岩峭壁的昆仑山,向西跋涉帕米尔高原,在大山之间,在草原沙漠的边缘地带,延伸着今人无法想象的以骆驼为主要交通工具的丝绸之路,以及缓慢坚毅行进的沉重的骆驼商队。虽然人们对丝绸之路其名充满浪漫的想象,尽管西方一位旅行家弗莱克写过"长长的商队走过平原,步伐坚定,银铃奏鸣"[①]这样豪壮的语句,可丝路的开通史绝对不是几页书所能描述出来的。你能想象得出第一个踏进西域的使者张骞仅率百人骆驼队驰向古道瞬间的悲壮?你能想到他功业未成身陷胡国十多年的凄苦绝望?古人的功业是以一生的消磨书写的,他们的事迹在今人的史册上不过寥寥几句,却是以目送雁行听胡笳的坚忍坚贞度过人生几度春秋冬夏的。

---

① [英]詹姆斯·艾尔罗伊·弗莱克:《通向撒马尔罕的金色旅程》。

从人类生活史的角度看,丝绸之路扩充了汉族血统的源脉。丝绸之路开辟后,西域胡人大量涌入长安,昭武九姓中亚人进入长安。昭武九姓具体指哪九姓有不同说法,《旧唐书》中解释为康、安、曹、石、米、何、火寻、戊地、史这九国带来的姓氏。

我们再回头看看丝路的起点,今日的大唐西市尽管楼阁重起,碧瓦飞檐,夜晚人头攒动,灯火辉煌,但回望当年的西市及大唐长安的街头巷陌,到处是穿胡服,操胡语,留着浓密胡须、高鼻梁、有不同颜色眼睛的外国商人穿行往来。他们行色匆匆,货来人往,当年的长安竟如同现代西方国际商贸中心那样热闹非凡。

如果说,中外交流的大门是张骞出使西域开启的,那他就是首度凿通了东西方商业文化交流融合之路的功臣。汉唐的兴盛除了小农经济繁荣的原因,还和市井文化的渐趋发达相关。如果只依赖征战开疆阔土后的进贡,中国丝绸、瓷器、茶叶走向世界的时间就将推迟到很久以后。罗马等西方国家以拥有和了解中国的丝绸和瓷器为荣的年代也决不会那样早。中华民族的确享受过东西方各国朝圣般尊奉的地位。

于是,一个今天还值得思考的问题摆在我们面前:当代的我们一直担心移民国外的中国富商从此乐不思蜀,中国的资本和资源从此流向域外。但是,丝绸之路其实早给了我们答案,因为汉族商人的源源西去,得到的是唐王朝进入国际市场的局面。而阿拉伯及西域各国的商队按照商业经济的规律和走向,又源源不断地带着他们的香料、药材、珠宝及各种果蔬植物进入皇城长安。中国的丝绸、瓷器、茶叶及各种金属制造走向世界,使后来世界各国将我们中国称为China,即瓷器之国的意思。汉族人的血液里含有胡地葡萄酒的醉狂,正是张骞凿空带来了葡萄种子的结果。王国维《西胡考》里说:"魏晋以来,凡草木之名冠胡字者,其实皆西域物也。"[1]

---

[1] 王国维:《西胡考》,《观堂集林》卷十三,中华书局,1959。

第六章 汉唐关月万古流

丝绸之路是本民族历史天空上一抹奇异的光芒,它意外地转变了我们华夏民族封闭自足甚至自大的心理惯性,使得大一统的汉朝和如日中天的唐朝将文明延伸到与四夷平等交往的古道,来往不绝的商人及驼队比战争和血腥更加有效地促进了各国经济与文化的繁荣与鼎盛,也增进了各国人民之间的沟通和了解。丝绸之路为人类文明的发展史写下了浓墨重彩的一页页史诗。

汉唐王朝的发展也与丝绸之路的沉浮息息相关。二者相辅相成,相映生辉。强大的中央政府有意愿也有能力保持丝路通畅。这与中央政权的强大和稳定不无关系,保证域外开通首先要宇内安邦。而丝路的兴衰也影响着汉唐长安的精神气质。汉唐长安的文化特质和时代精神正是在这种交流融合中形成并完成升华的。同时,丝路繁盛时期的长安的政治、经济、文化,也对中华民族的精神和传统文化成长起到了极为重要的作用。

汉唐帝国通过丝绸之路塑造着大国气度的多元性、包容性、开放性,大规模引进并有选择地采撷世界各国优秀元素,融合到历史悠久的传统文化系统中。这种源于丝绸之路提供的跨国文化互动与交融造就了以汉唐长安为中心的国际大都市气魄,对中华文化的形成与发展产生了重大影响。这种影响表现在以下几方面:

(1)丝绸之路物资与文化的交汇深深影响了中国人的经济理念和生活方式,使传统的"重农抑商"观念受到严重挑战,固有的市场交易模式也受到冲击。尤其到了唐代,商人的社会地位迅速提高,并活跃在社会各类生活之中。长安草市和夜市星罗棋布,已经呈现出极其繁荣的国际贸易形态。

首先,西域开通,使得各国行商坐贾者往来云集,且富商大贾层出云涌。高宗时的邹凤炽就拥有数不尽的财宝;玄宗时的王元宝,号称国中巨富;昭宗时的王酒胡,先是纳钱三十万贯助修朱雀门,后又舍钱十万贯修安国寺。

其次，商人阶层的富庶吸引一些农民开始经商，有弃农从商和亦农亦商两种。中唐后弃农从商人口增长迅速，"百姓日蹙而散为商业以游，十三四矣"。①

再次，是寺院僧侣也从事商业活动，有寺院经营和私人贸易两种。京师富寺，往往有邸店多处，所入厚利已构成寺院主要财源。

最后，有些官僚、贵族也经商。唐代仕人经商已形成一股潮流，政府律令难以阻挡。如武则天的女儿太平公主，"田园遍于近甸膏腴"，"市易造作货物"，"殖货于江、剑"。②

以上可见"仕之子恒为仕，工商之子，世为工商"的观念已发生了倾斜，商人职业、人口、结构及身份日趋复杂化。

与此同时，商人身份地位升高。

其一，商人势力向政治渗透。自汉代始，政府就严格规定："工商杂类不得预于什伍"。唐初统治者不仅严禁商人入仕，商人政治地位低于庶人。但随着商人与官僚贵族经济联系的加强，他们日益要求改变自己的政治地位。商人入仕，成为商人势力政治渗透的明显标志。巨富邹凤炽常与朝贵交游，王元宝、杨崇义更是"竞于供送，朝之名僚往往出于门下"③。当然，商人入仕，也开了唐代商人买官的风气。中唐后，由于国家财力拮据，为解决财政危机，卖官之风更为盛炽。可见腐败的朝政为商人入仕开启了绿灯。

其二，商人可以参加科举考试。在唐初商人是不准参加科考的，但中唐后，商人入仕禁令松弛，渐有一些商人及其子弟参加科考以谋官职。当然也有商人因考试不合格而落第的。如唐末黄巢本是贩盐出身，"屡举进士不第"。商人能参加科考且与其他及第者待遇等同，这不能不说明商人

---

① 〔清〕董诰等：《全唐文》第七部卷六百三十四，上海古籍出版社，1995。
② 《旧唐书·列传·卷一百三十三》。
③ 王仁裕、曾贻芬点校《开元天宝遗事》，中华书局，2006，第17页。

政治地位的大翻身。

其三,商人的社会评价提高。封建社会历朝仕庶几乎都将商人看作怠惰游手的贱人。唐代,社会舆论开始重视商贾行业。许多人认为商业并非是末业,应该与农工并列。如刘秩认为"物重则伤农,钱轻则伤贾"①,上函提倡农商不可偏废。最具代表性的是京师巨富王元宝,可以随意谒见皇帝。玄宗承认:"至富可敌贵。联天下之贵,元宝天下之富,故见耳。"②可见舆论对商人的评价已经很高。

其四,文艺作品中对商人有一定的反映。如刘驾诗《反贾客乐》:"无言贾客乐,贾客多无墓。行舟触风浪,尽入鱼腹去。"又如白居易诗《卖炭翁》中的小商贩"可怜身上衣正单",却要"心忧炭贱愿天寒"。

(2)大量外商留居长安,促进了中西生活方式与精神文化生活的多元化,衣食住行、起居喜好,均无例外。西方商贾蜂拥而至,他们在长安"殖资产,开第舍,市肆美利皆归之"③。唐朝专设了管理"互市"的机构加以管理,征收关税,保证有序进行商贸活动。

(3)来自西方的宗教仪式和市井生活都融入长安并推广至中国社会的各个层面。这造就了唐长安城开放、包容、融合、善学的城市风貌和时尚进取的城市张力。从服装与饮食就可见一斑,着胡服、吃胡食成为风尚。妇女一改过去含蓄内敛的装束审美观,追逐西方女性的低胸露肤和束腰耸乳的曲线美。唐长安城成为世界城市文化的集散中心和引领时尚的国际之都。

(4)胡食制作传播受到喜爱,长安街市胡食店铺众多,胡饼、麻饼、烤肉、抓饭都已普及。

唐代的中国拥有巨大的财富,京都长安是当时世界上最大的城市,也

---

① 《唐会要·卷八十九·泉货》。
② 王仁裕、曾贻芬点校《开元天宝遗事》,中华书局,2006,第23页。
③ 《资治通鉴·唐纪四十一·大历十四年己未》。

是丝绸之路的起点。由于中国文化的巨大包容性,这座城市在280多年的时间里,以大国的情怀接纳并融合了来自异域的多种文化和不同人群。

当然,这种包容和接纳并不表示唐代城市生活已经全盘"西域化",汉族人恪守民族传统的心理向来不可动摇。唐代文明空前阔大和繁荣,它眼界开阔,兼容并蓄,又极度自信,因而成为中华民族民族自豪感的重要源泉。

安史之乱以后,唐王朝"帝都六陷,天子九迁"。历史上,首都是被攻击的第一目标,再加上皇帝被抓,这样往往代表了中央王权的更替。

唐朝国势由盛转衰,长安自此接连受战祸破坏,日渐萧条破落。763年,吐蕃大军攻入长安,焚烧官舍,大肆抢掠,城中"萧然一空"。唐朝末年,黄巢起事,他一度攻陷长安,到883年,黄巢退出长安时,纵火烧毁城中的宫殿、官街和住宅。官军收复长安后,又在城内烧杀抢掠,使残破的长安城雪上加霜。885—901年期间,军阀连年混战,长安城先后三次被军阀焚掠破坏,全城已变得满目疮痍。904年,军阀朱全忠对长安城进行了最后和最致命的破坏,他胁迫唐昭宗迁都洛阳,临出发前,强迫城内居民一道东迁,命令拆毁全部公私建筑物,将木料编成木筏,顺渭水、黄河漂往洛阳。盛极一时的长安城被毁灭,昔日的繁荣一去不返。从此,长安失去了首都的地位,唐代之后各个封建王朝都没有再把都城设在长安。

唐王朝的衰落意味着通向远方的西域丝绸之路也渐渐衰落,从此古道残阳,戈壁荒芜,历史自中古之后将通往西域的大门徐徐关闭,之后,华夏文明东移。

安史之乱后的唐朝开始衰落,西藏吐蕃越过昆仑山北进,侵占了西域的大部。唐末,五代十国至宋初的这个时间段里,由于诸侯纷争,军阀混战,导致陆上丝绸之路的贸易环境严重恶化,各个贸易重镇衰落了,这是丝绸之路衰落的主要原因。中国北方地区战火连年,丝绸、瓷器产量不断下降,商人为求自保不愿远行,海上丝绸之路繁荣发展,更多的商人选择通过海上丝绸之路进行贸易。

英国史学家赫·乔·韦尔斯在其名著《世界史纲》中写道:"在唐初诸帝时代,中国的温文有礼、文化腾达和威力远被,同西方世界的腐败、混乱和分裂对照得那样鲜明,以致在文明史上立刻引起一些最有意思的问题。中国由于迅速恢复了统一和秩序而赢得了这个伟大的领先。为什么没有保持下来呢?为什么它没有把这个在文化上和政治上支配全世界的地位保持到今天?"①

第二节 汉唐长安:连绵飞扬的东方丝绸

近代哲学家黑格尔在研究、比较了世界各个文明古国之后,终于得出了结论:"只有黄河、长江流过的那个中华帝国,是世界上唯一持久的国家。"②(《历史哲学,东方世界》)于是,许多学者都在探讨,是什么神秘的力量使得这一文明古国能够永葆青春的活力,多次在历史长河中掀起复兴的波涛?经过长期求索,人们终于承认,中华民族得以持久存在,并不因为它远离欧洲,也不因为它地富人众,更不是因为它善于在饥饿状态下生存,唯一的原因就是中华民族自己的文化。这种文化具有强大的自我更新的能力,能适应千百年时代的变迁,不断将本民族精神与时代精神相调节,将各种营养消化于自己的肌体中,并且抗衡企图改变民族基本精神的外来影响,使得中华民族的历史进程处于一种相当稳定的气氛中。

随着现代化世界历史潮流产生,东西方文化狭路相逢,各种碰撞、渗透和冲突迫使中华民族开始重新审视自己的历史和传统文化,这样,对中国传统文化的研究就成了中国走向现代化的一个必然过程。即使到今天,实际仍是在整个传统中反对一部分传统。即使我们已经发现,从近代就开始

---

① [英]赫伯特·乔治·韦尔斯:《世界史纲》,人民出版社,1982,第629页。
② [德]黑格尔:《历史哲学东方世界》,上海书店出版社,1999,第122页。

批判、抨击的整个中国传统文化,连续数千年仍然以新的形式制约着许多非常清醒与先进的思想家,但是我们仍然要按照时代提出的要求去重新研究、把握我们的传统文化,以求在这个思想认识的"反复圈"中跃向更高的层次,找到那些代表时代气息的内容。

17世纪资本主义大进军时代,当资本主义列强利用先进的生产关系建立起强大的物质文明体系,并开始咄咄逼人的侵略扩张时,所有落后与不发达的国家面临痛苦的选择。中国的现代化就是在这样一种不情愿的条件下展开的历史运动,一条艰难曲折的道路,传统文化与代表先进方向的西方文化相遇而出现"向何处去"的问题,即使非常明智的思想家也很难做出清醒的判断。尽管向西方学习的思想火花一次次在近代史上闪烁,然而"中学为体,西学为用"的主张总是限制着中国前进的步幅。"五四"新文化运动时的民族精英,深知中国传统文化中的积弊,他们认为不用极端的反传统办法,即拆屋顶以求开天窗的办法,将不可能对中国社会有所触动,以至于今天又有学者提出:应该以传统为攻击目标,进行一次超过"五四"时代的大清算。在这方面,笔者认为,海外学者杜维明先生的一个命题值得我们重视:"我们对传统文化的理解,到底能否跳出'五四'时代以来那种简单的二分模式?"①即使仅仅通过我们对长安文化的粗略勾画也不难看出,文化传统并不是一成不变的,每一代人都要根据自己所面临的问题,对文化传统进行选择、批判和改造,并按照时代的需要重新做出解释。

当历史的紧迫感又一次把对文化传统的反思提到我们面前的时候,我们应该有勇气跳出旧有的二分模式,选择不同于"五四"时代的新的起点,努力实现"传统的创造性转化"。要实现"传统的创造性转化",就要在积极吸取外来文化营养的同时,对中国旧有的文化传统进行认真清理,大胆扬弃那些不适应现代化历史潮流的内容,同时,要努力发掘可资运用的优秀

---

① 薛涌:《文化价值与社会变迁——仿哈佛大学教授杜维明》,《读书》1985年第10期,第125页。

文化遗产,以保持中华民族不断自我革新的进取精神。当我们研究长安文化时,总感到那活跃的生力、奋进的气势、大胆的吸取,与我们今天追求的口号并非完全相悖,而且颇有发扬光大的意义。例如,当我们在乾陵石刻群中发现守陵的狮子,领路的天马、驼鸟,原本是"蕃族""夷人"时,难道不为这伟大的气魄所鼓舞?当我们看到昭陵六骏飞奔的战马身上带着被敌人射中的箭矢时,难道不能意识到唐太宗告诫子孙"创业难,守业亦难"的苦心?如果这样理解传统,传统文化就不是一种包袱,相反,可以成为新时代的动力,鼓励我们这个古老的民族,在自我革新的历史进程中继续前进。中华民族毕竟有过在极端不平衡条件下取得伟大成就的长安文化时代,在那引人注目的两千年中,中华民族经受住了来自各方面的冲击,吸收了古今中外各种营养成分,创造了至今使我们引以为自豪的汉唐文化,从而雄据东方。继承与发扬这一传统,中华民族将在这一新的历史时期,开创更为伟大的前程。这是我们重新估价长安文化后所得到的启示。

第三节　汉唐长安:西安新丝路的文化符号

丝绸之路经济带,是在中国与西亚各国之间形成的一个经济合作区域,大致在古丝绸之路范围内,包括西北陕西、甘肃、青海、宁夏、新疆等五省区,西南重庆、四川、云南、广西等四省市区,2013年由国家主席习近平同志在哈萨克斯坦纳扎尔巴耶夫大学演讲时提出。

西安在新丝路的地位:汉唐长安因丝绸之路而伟大,丝绸之路因汉唐长安而不朽。建设"丝绸之路经济带"的宏伟目标,为西安这座千年古都实现复兴开启了新的发展机遇。西安是古代丝绸之路的起点,在全国区域经济布局上,西安作为连接丝绸之路国家的陇海兰新铁路沿线最大的西部中心城市,具有承东启西、连接南北的重要战略地位。随着"丝绸之路经济带"建设的推进,西安将承担更加艰巨的任务,也将迎来新的发展机遇。

西安和古丝路的沉寂：建设"丝绸之路经济带"是西安建设国际化大都市的重要历史机遇。西安长期地处内陆特别是西部不发达地区，从唐宋以后，古代文明的迁移，文化交流之途的关闭，造成西安处于落后和偏隅的地位，人们的思维方式和文化风尚远不如当年的大唐长安。由于经济发展基础和发展条件的限制，西安在国际化都市建设方面距离国际化的标准仍有较大距离，尤其是在经济外向度和城市国际化方面的差距更大。

西安的新丝路的规划：2013年10月11日，陕西省社会科学院的专家学者在西安召开"丝绸之路经济带研讨会"。与会专家提出，向西开发，市场潜力巨大。应利用西安的"起点"和"中点"优势，尽快完善高速、铁路等交通设施建设，把西安建成亚欧合作的战略高地。通过跨国道路联通等一系列加强跨国交流便利性工程的推进，西安作为经济带上的核心城市，必将具有强大的吸引力，为城市带来大量的跨国资本、企业和人流，从而快速提升西安经济的外向度和提高城市的国际化水平。

新丝路中的西安愿景："丝绸之路经济带"是在古代丝绸之路概念上形成的一个新的经济发展区域。它以综合交通通道为展开空间，依托沿线交通基础设施和中心城市，对域内贸易和生产要素进行优化配置，促进区域经济一体化，最终实现区域经济和社会同步发展。其中推进贸易投资便利化、深化经济技术合作、建立自由贸易区，是新"丝绸之路经济带建设"的三部曲。西安作为区域核心城市，必将成为经济技术合作和自由贸易区建设的受益者，沿线国家之间的贸易畅通和货币流通，都将会为西安经济发展提供强大引擎。随着经济带建设推进，西安作为连接经济带的重要节点城市，拥有广阔的市场前景，将吸引大量国内外企业进驻，带动城市经济转型升级，推动城市综合经济水平快速提升，改善人民生活水平。

西安新丝路新举措：2019年国务院政府工作报告就打造丝绸之路经济带新起点，提出加快西安铁路集装箱中心站和西安公路港建设，建立西安国际港务区全省共建共享以及与空港新城的陆空联动机制，积极申报建

第六章 汉唐关月万古流

设面向中亚的自由贸易园区。

西安拥有世界最古老的早期文明遗址和文物,在西安出土的众多汉、唐时期的文物中,古波斯的玻璃、琉璃,欧洲人特征的胡俑,印证了汉唐丝绸之路促进了中华文明与古印度文明、古希腊文明、古罗马文明、古埃及文明、阿拉伯文明等世界文明的交流和影响。古代丝绸之路连接的几大文明,绝大多数都已经消失在历史长河中,如今仍旧传承的只有中华文明,所以作为丝绸之路起点的西安要担负起对古老文明进行整理、回顾和传扬的责任。如今,跨国旅游已成为时尚,文化旅游应是西安带动相关经济发展的龙头和先行者。所以把西安打造成为丝绸之路起点的旅游城市,应该成为西安城市规划的重要的举措。

建设"丝绸之路经济带"是要从丝绸之路的起点——西安开始,这是完善这所城市精神和物质体系、重塑汉唐长安历史辉煌的重大契机。通过我们这个系列书,我们有机会回望长安,回望这个丝绸之路的起点,回味它的辉煌和落寞,审视它的繁华和缺失。汉唐长安的伟大,就体现在它具有盛世大国的兼容并蓄、开放包容,在包容中有着不变的对传统的坚守和秉持。正是这种文化自觉和文化自信,使得长安能够吸引世界各国人才,包容各地不同文化,在吸纳各国优秀文化的基础上,形成独具特色的长安文化。

我们有幸站在当年汉唐长安的历史遗迹上讲述丝路往事和长安文化,我们更有幸在具有相似性的历史转角,在中国经济崛起的今天,面对沉寂的西部城市西安,像当年张骞那样,探讨如何去开启"丝绸之路经济带"的新起点。面对即将驰来的现代商队"得得"的马蹄声,我们首先要回望自己的昨天,反省汉唐文化的精髓,反思我们长久沉寂的原因,理解丝路漫漫古道上驼铃声的真实涵义,追随汉唐僧使们身上具备的开拓意识和敢为天下先的勇气。这些也是汉唐文化留给西安古都的人们潜在的精神禀赋和人格魅力。

站在大唐西市的晨曦中,站在西安明城墙的城楼上,我们不禁会哼唱起从遥远的原始蛮荒时代传来的秦腔,那是秦皇汉武的秦腔,是张骞班超的秦腔,抑或是唐玄奘僧侣的秦腔。这是古老华夏民族开启文明之旅的声腔气度。它让我们开始了对西安文化自身的审视,迎接到一个崭新的四方八国交通的时代。

文化是一条奔腾不息的河流,它绕过每个时代翁郁恢宏的森林,滋养着深藏地下的民族文明之根。沿着古老的树根向上看,古今悠久文化的盘根错节,世界多样文化的馥馥清芬,早已使西安的地域文化有了参天拔地的雄伟气度和汉唐开疆的进取品格。

参 考 文 献

[1]   董诰,阮元,徐松,等.全唐文.上海:上海古籍出版社,1990.

[2]   计有功.唐诗纪事.上海:上海古籍出版社,1987.

[3]   李昉,扈蒙,徐铉,等.太平广记.上海:上海古籍出版社,1990.

[4]   王谠.唐语林.上海:上海古籍出版社,1978.

[5]   尤袤.全唐诗话.北京:中华书局,1985.

[6]   李肇,赵璘.唐国史补·因话录.上海:上海古籍出版社,1979.

[7]   释道世.法苑珠林.上海:上海古籍出版社,1991.

[8]   释道宣.续高僧.上海:上海古籍出版社,2005.

[9]   辛文房.唐才子传.哈尔滨:黑龙江人民出版社,1986.

[10] 玄奘.大唐西域记.上海:上海人民出版社,1977.

[11] 王定保.唐摭言.上海:上海古籍出版社,1978.

[12] 弗兰科潘.丝绸之路:一部全新的世界史.杭州:浙江大学出版社,2016.

[13] 陈寅恪.金明馆丛稿二编.上海:生活·读书·新知三联书店,2001.

[14] 陈寅恪.唐代政治史述论稿.上海:上海古籍出版社,1997.

[15] 陈寅恪.元白诗笺证稿.上海:生活·读书·新知三联书店,2001.

[16] 仇兆鳌.杜诗详注.北京:中华书局,1979.

[17] 敦煌文物研究所.中国石窟:敦煌莫高窟三.北京:文物出版社,1987.

[18] 马克思,恩格斯.马克思恩格斯全集:第7卷.北京:人民出版社,1958.

[19] 马克思,恩格斯.马克思恩格斯选集:第4卷.北京:人民出版社,1995.

[20] 卡西尔.人论.上海:上海译文出版社,1985.

[21] 詹姆逊.马克思主义与形式.南昌:百花洲文艺出版社,1995.

[22] 福柯.规训与惩罚.上海:生活·读书·新知三联书店,2007.

[23] 福柯.知识考古学.上海:生活·读书·新知三联书店,1998.

[24] 海德格尔.人,诗意地安居.上海:上海远东出版社,1995.

[25] 黑格尔.历史哲学.上海:上海书店出版社,1999.

[26] 黑格尔.美学.北京:商务印书馆,1979.

[27] 高楠顺次郎,渡边海旭.华严七字经题法界观三十门颂·大正新修大藏经.台北:新文丰出版公司,1982.

[28] 慧立,彦悰.大慈恩寺三藏法师传.北京:中华书局,1983.

[29] 简佩琦.汉地胡风:唐诗中的胡人形象探索.应华学报,2012(12):187;189-226.

[30] 李防.太平广记.天津:天津古籍出版社,1994.

[31] 梁漱溟.中国文化要义.上海:上海人民出版社,2011.

[32] 鲁迅.中国小说史略.天津:百花文艺出版社,2002.

[33] 鲁迅.鲁迅全集.北京:人民文学出版社,2005.

[34] 巴特尔.符号学原理.沈阳:辽宁人民出版社,1987.

[35] 马克思,恩格斯.马克思恩格斯全集:第3卷.北京:人民出版社,1958.

[36] 马克思,恩格斯.马克思恩格斯全集:第10卷.北京:人民出版

社,1962.

[37] 马克思,恩格斯.马克思恩格斯选集:第1卷.北京:人民出版社,1972.

[38] 欧阳修,宋祁.新唐书.北京:中华书局,2000.

[39] 彭定求,等.全唐诗.增订本.北京:中华书局,1999.

[40] 钱理群,温儒敏,吴福辉.中国现代文学三十年.北京:北京大学出版社,1998.

[41] 钱钟书.七缀集.上海:上海古籍出版社,1985.

[42] 赛义德.东方学.上海:生活·读书·新知三联书店,1999.

[43] 史念海.中国通史:第6卷.上海:上海人民出版社,1997.

[44] 司马光.资治通鉴.北京:中华书局,1956.

[45] 司马迁.史记.北京:中华书局,2006.

[46] 霍尔.表征:文化表象与意指实践.北京:商务印书馆,2003.

[47] 宋敏求.唐大诏令集.北京:中华书局,2008.

[48] 孙熙国.全球化与中国传统文化的现代转换.山东:山东大学出版社,2009.

[49] 唐小兵.再解读:大众文艺与意识形态.香港:牛津大学出版社,1993.

[50] 田根胜,余意.中国传统文化精神.上海:上海辞书出版社,2003.

[51] 王溥.唐会要.上海:上海古籍出版社,2006.

[52] 王琦.李太白全集.北京:中华书局,1977.

[53] 王钦若,等.宋本册府元龟.北京:中华书局,1960.

[54] 王双怀,王宏海.西安唐代历史文化研究.西安:陕西人民出版社,2018.

[55] 谢思炜.白居易诗集校注.北京:中华书局,2006.

[56] 薛爱华.撒马尔罕的金桃:唐代舶来品研究.北京:社会科学文献出

版社,2016.

[57] 姚斯.接受美学与接受理论.沈阳:辽宁人民出版社,1987.

[58] 张庆捷.北魏隋唐的胡商俑、胡商图与胡商文书.北京:科学出版社,2004.

[59] 祝穆.宋本方舆胜览.上海:上海古籍出版社,2012.

[60] 程建虎.文化地理学视域中的长安气质:以唐长安应制诗中的"地方感"和"秩序感"为考察视角.求是学刊,2013;40(6):128-133.

[61] 傅异非."一带一路"倡议下城市文化传播社交媒体化策略:以西安市为例.传媒论坛,2019,2(7):23-24.

[62] 海波.河西走廊佛教文化区位特征的形成:以丝绸之路为视阈.世界宗教文化,2019(6):17-23.

[63] 侯传文."一带一路"与东方文化.内蒙古社会科学,2016,27(3):183-187.

[64] 黄达远.从域外与周边重新理解中国:以丝绸之路研究的区域转向为中心.陕西师范大学学报(哲学社会科学版),2020,49(2):29-38.

[65] 李娜.明清时期海上西洋丝绸之路再探.历史档案,2019(4):53-56.

[66] 梁瑜霞.长安文化与唐代小说之关系.人文杂志,2010(6):96-100.

[67] 刘礼堂,田荣昌.日本奈良时代对唐代长安佛教建筑文化的吸收.江汉论坛,2018(6):119-127.

[68] 任贵祥.以习近平丝绸之路精神重要论述指引"一带一路"建设.教学与研究,2020(2):17-24.

[69] 滕文生.丝绸之路的历史与人类命运共同体.国际汉学,2019(4):5-17.

[70] 王丽莎.丝绸之路文化传播研究:评《丝绸之路:一部全新的世界

史》.新闻与写作,2020(4):113.

[71] 王伟.唐代长安传奇小说创作嬗变之空间解读与群体分析.中南大学学报(社会科学版),2016,22(6):173-178.

[72] 王向远.从东方学史看西方学界的丝绸之路研究.北京师范大学学报(社会科学版),2020(1):38-48.

[73] 王晓勇,李慧.长安学的文化哲学内涵.西安交通大学学报(社会科学版),2010(1):87-91.

[74] 王晨佳."一带一路"概念下的文化传播与译介.人文杂志,2016(1):29-34.

[75] 夏文华."丝绸之路"的名物考证与地理想象:从姚大荣《山海经》题跋看近代文人对世界的认识.浙江学刊,2019(6):226-234.

[76] 徐朗."丝绸之路"概念的提出与拓展.西域研究,2020(1):140-151;172.

[77] 徐卫民.长安都市圈与汉文化的世界影响.西北大学学报(哲学社会科学版),2015,45(1):20-30.

[78] 殷洁.明代南京海上丝绸之路史迹研究综述.学海,2019(6):157-161.

[79] 曾文芳.陕西周秦汉唐历史文化产业板块升级探论.理论导刊,2016(3):80-83.

[80] 张真.石田干之助的唐代文化研究:以《长安之春》对唐五代笔记小说中胡人买宝故事的编译与考论为中心.中南大学学报(社会科学版),2013,19(5):194-199.

[81] 赵学勇,王贵禄.论长安文化精神对当代秦地作家的深层影响.人文杂志,2010(2):74-80.

[82] 周莹,王雪凝.天下文宗旨归处:浅谈长安文化区中的王维与李白.江淮论坛,2016(1):154-158.

［83］ 朱丽霞.海上丝绸之路与中华文明早期传播.人民论坛,2020(11):142-144.
［84］ 朱亚非.论古代北方海上丝绸之路兴衰变化.山东师范大学学报(人文社会科学版),2019,64(6):66-76.

后　　记

这本书从酝酿到出版很是经历了一些时光,沉淀了一些年月,好在阳光底下的历史历久而弥新。今天,站在逝者如斯的时间之流中,溯洄从之,讲述一段丝路故事,呈现长安文化的另一种样貌,倾听漫漫丝路上的声声驼铃,传承汉唐僧使们身上具备的开拓意识和敢为天下先的勇气,依然是一件于国于民有意义的事。

书中所写的大唐西市是八方商旅汇聚,实现财富之梦的风水宝地,也是充满异域风情的胡服时装、葡萄美酒、胡旋舞争奇斗艳的游冶之地。今天,西市的太阳已经落下,但余晖正好,正所谓夕阳无限好,恰是近黄昏。

感谢樊明方教授!正是他当年的远见卓识让大唐西市成为"一带一路"这一新时代大氛围和丝路长安这一古代盛况之间的月老;感谢大才女李亦文教授,她的才华不仅仅在于妙笔生花,擅长遣词造句,更在于她是个活色生香的人,她对于西安各种小吃的痴迷使得本书有了人间烟火气。感谢西安体育学院的于俊利教授,她不仅长相甜美、气质温婉,而且学识渊博、学富五车,她是本书的"把关人"和"守门人",是编导也是裁判。感谢我的研究生李月圆、张姣姣、白玉云和汪欣洁,她们乖巧、敏锐、爱读书,追求上进,正是这些生机勃勃的后浪激励着我奋发向上,以无愧于"老师"这个称呼。

  感谢西北工业大学出版社的编辑梁卫老师,这位认真而热情的小伙子不厌其烦帮我做很多校对和沟通工作,最终拿出的设计封面让我深觉惊艳,他的努力使本书俨然成了"夕阳下的新娘"。

  中年的我前程已然不再漫漫,但依然有梦,想向青草更青处漫溯,想在星辉斑斓里放歌,希望往后余生心怀晴空云鹤,发奋忘忧,不知老之将近。

杨冰郁

2020 年 10 月